ちくま新書

ヒューマンエラーの心理学

一川 誠
Ichikawa Makoto

1423

ヒューマンエラーの心理学【目次】

はじめに

多くの読者は意外に感じられるかもしれませんが、人間は、他の生物種と比べると、外界や自分の状態の認識において誤ることが圧倒的に多い生物種です。

「人間は『万物の霊長』であり、他の生物種よりも優れた知覚や認知のシステムを持っているから、知覚や認知において誤ることは少ないのでは?」

こう考える読者は大勢いらっしゃるかもしれません。「霊長」とは、辞書によると「最もすぐれていて、万物のかしらとなるもの」という意味です。

しかし、人間は他の生物種に比べて、特に優秀な知覚認知過程を持っているわけではないのです。むしろ、周囲にある事物の特性や、自分自身の状態についての知覚や認知において、圧倒的に高い頻度で誤りを犯します。

本書はそのことを読者に知ってもらうために書いたものです。前著の『錯覚学――知覚の謎を解く』で、比較的初期の過程の知覚認知の誤りについて書いたのに対し、本書では、より高次レベルでの知覚認知系の処理や記憶等の誤りについてまとめました。

また、読者に、人間がどのような誤りを犯しやすいのかを知っていただくことで、日々の生活の中でそうした誤りによって生じる危険を回避してもらうことも本書の狙いの一つです。さらにつけ加えると、読者には、本書を読むことを通して、人間の知覚認知に誤りが生じやすいこと自体に、人間独特の「のびしろ」があること、そして、人間という生物種にユニークな可能性があることを知るきっかけにしていただければ幸いに思います。

本書の執筆にあたっては、大学での授業やゼミ、学会などにおける学生、研究者などさまざまな方たち、とりわけ、現在在籍している千葉大学心理学講座の先生方や学生たち、私が代表を務める学内プロジェクト「多元的認知行動解析」メンバーの認知科学や工学領域の先生方とのやり取りの中で得た知識や、彼らとのやり取りの中で考えたことがらが基礎になっています。ここに記して感謝いたします。

2019年6月

一川 誠

第一章 人間は間違える——知覚認知が誤りやすい理由

†知覚認知の有限性——認知を誤る理由⑴

なぜ、人間は、他の生物種にも増して、知覚や認知の過程においてしばしば間違いを犯すのでしょうか？

それは、主に次の三つの理由によるものと考えられます。⑴知覚認知の有限性、⑵環境や行動様式を作り変えるという行動特性、⑶錯覚を自ら利用するという行動様式です。以下、それぞれについて説明しましょう。

最初の理由は、人間という生物種に特有のものではなく、他の大抵の生物種と共有しているものです。

どの生物種も、世界をそのままコピーするように、自分の周囲の対象や自分自身の状態について知覚認知しているわけではありません。人間も例外ではないのです。

知覚には、視覚、聴覚、触覚など、さまざまな領域（専門用語では「様相《ようそう》」と呼びます）があります。どの生物も、それぞれの知覚の様相において、進化の過程で獲得した、その生物種に特有の「解像度」で対象や自分の状況に関する特性を解析し、それらについての内的表象を作り上げています。

つまり、それぞれの生物は、自分の知覚の解像度より細かい特徴は知ることができません。また、特性に対応した仕組み（センサー）がなければ、まったく情報が得られませんし、外部の状態に対応して行動することもできないのです。

†バクテリアの知覚認知の有限性

こうした特徴は生物に共通の一般的特性です。そのことを見るために、まずは、身体の作りが簡単なシアノバクテリアを例に考えてみましょう。

シアノバクテリアは、藍色をした細菌の一種です。池や水たまりなどに生息する私たちにも身近な原核生物（バクテリア）です。細胞内に核はありませんが、葉緑素を持っており、光合成によって酸素を生み出します。数十億年前から地球上に生息しており、太古の地球の海の浅瀬で大繁殖していたようです。それが光合成で生じた酸素を大量に排出したため、酸素を多く含む現在の地球の大気の組成を作り上げた原因と考えられています。

シアノバクテリアには単細胞性のものと、複数が糸状に集合する多細胞性のものがありますが、多細胞性のものには、光合成の効率を維持するために、特定の波長の光に向かって移動する正の走光性と、特定の波長の光から遠ざかるように移動する負の走光性を持つことが知られています。

走光性にかかわる光受容体や運動機構はまだ完全には解明されていませんが、青色光と赤色光のセンサーを持っているようです。このセンサーによって青色に対応した波長の光を感知すればそれから遠ざかり、赤色に対応した波長の光を感知すればそれに近づくように移動することがわかってきました。

シアノバクテリアには、像として対象の情報を得る「目」のような器官はありません。したがって、人間と同じような意味での視覚はないと言えます。そのため、シアノバクテリアは「視覚像」にもとづいて行動しているわけではありません。しかし、光合成の効率を維持するためには、赤色の光に向かい、青色の光を避ければいいのでしょう。シアノバクテリアには、そのように光の波長に対応して異なる行動をするには十分な仕組みがあるのです。

シアノバクテリアのように、身体の作りがシンプルな生物だけではなく、哺乳類を含む多くの生物が、生存に必要な知覚を成立させるためにさまざまな種類のセンサーを持っています。こうした生物の持つセンサーは、通常、ある特定の特徴にだけ対応しています。

先ほど説明したように、シアノバクテリアは、赤色と青色に対応する2種類のセンサーを持っていますが、それらがカバーしていない他の波長の光についての情報を得ることはできません。さまざまな事象が生じたとしても、センサーで感知できない多くの事柄を知ることもできません。たとえば、赤色や青色の波長の光のセンサーがカバーできない波長の光、赤外光や紫外光に対応した行動を行うことはできないのです。

†適応のための選択

こうした特性は、身体の作りが簡単なシアノバクテリアだけの問題ではなく、私たち人間の視覚にも、赤外光や紫外光を検出できるセンサーはないので、赤外光や紫外光に関連した外界の特性について見ることはできません。ただし、生物種によっては紫外光をカバーするセンサーを持つものもいて、たとえば、チョウなどは羽の紫外光の反射率からオスとメスの弁別をしています。

進化論的な考え方に従えば、それぞれの生物種が特定の特性についてのセンサーを持っているのは、その生物種が環境の中で生き残っていく上で重要な特性についての情報を得るためということになります。チョウなどの昆虫にとっては、羽の紫外光の反射効率によってオスとメスを見分けないと、子孫を残すことができなかったと考えられます。

他方、シアノバクテリアや人間に赤外光や紫外光が利用できないのは、これらの生物種にとって、これらの波長の光(電磁波)の照射方向や、さまざまな対象の表面におけるその波長の光に対する反射効率を知ることが、生き残る上で重要な意味を持っていなかったからなのでしょう。

外界の物理特性の多くは、個々の生物種の生存に重要な意味を持ちません。そのため、知覚のセンサーが対応していない環境の特徴については、情報を得ることができません。人間を含め、どの生物種も、環境中のさまざまな事柄について、いわば篩《ふるい》やザルで漉《こ》して、自分の生存にとって意味のある情報を取り出しているのです。

たとえば、私たちは、日頃飲んだり食べたりしている物質の分子構造を知覚することはできません。そこまで高精度で食物や飲料の物理的特性を知ることがなくても、従来の生活環境では生存することが可能だったからです。

おそらくは、地球上の生物は放射線を知覚できません。もちろん、放射線は生命に危険をおよぼすものです。しかし、生命に危険が及ぶような特性であっても、それが日常的に接するものであり、その感知が日常的な生存を脅かすようなものでなければ、それに対応したセンサーを生体が進化の過程で獲得することはないのです。

通常、進化の過程でその検出や弁別が生存にとって重要な意味を持たないような物理的特性に関しては、センサーがありません。また、もしセンサーがあったとしても、そのセンサーが対応可能なのは、その物理的特性の一部の範囲のみです。

たとえば、光については、電磁波の一部を「可視光」として我々の網膜にある光センサーが反応し、神経信号に変換できるため、「光」として感知できるのです。対応するセンサーがない波長の電磁波については、「光」として感知できないばかりか、そもそも存在を知覚することもできないのです。

音もそうです。内耳の蝸牛管《かぎゅうかん》の中にある有毛細胞が、一部の周波数帯の音（空気振動）

に対応して揺れるため、我々はその周波数帯範囲の音を感知できるのです。対応して揺れる有毛細胞がない波長の空気振動は、「音」として感知できないだけではなく、そもそも存在を知覚することはできません。

このように、環境中のさまざまな事物や、自分自身の状態について、私たちはごく一部の特性しか知覚することはできないのです。とはいえ、知覚することができない多くの特性(おそらくは、どの生物も、環境中の対象や自分自身の状態について本当にごくわずかしか知覚していないと思われます)は、生きる上で知る必要がない特性とも言えます。

生物種によってセンサーの多様性や、あるいはそれぞれのセンサーの感度には大きな違いがありますが、生息環境の中で適応的に生きていくという点では、どの生物種も十分な知覚の仕組みを持っています。また、そういう点では、それぞれの生物種の体験しているであろう知覚世界は完全で欠けるところはないという点で共通しており、比較して優劣をつけるのはあまり意味がないのかもしれません。

ただ、人間は、自分たちを「霊長類」の一角を占める生物種として自認しています。

ます。

†人間には聴こえない求愛の歌

人間は、前の項で紹介したシアノバクテリアよりは多くの種類のセンサーを持っています。そのため、環境の中の対象や自分の状態について、より多様な情報を得ることができます。

その点では、人間の知覚系は、シアノバクテリアのそれよりは優れていると言えるのかもしれません。しかし、実際のところ、人間の知覚や認知のシステムは、他の生物種と比較して、必ずしも「優れている」わけではないのです。

たとえば、聴覚において、人間に聞こえる周波数の範囲は限られていて、おおよそ12ヘルツから2万3000ヘルツの範囲です。聞こえる音の範囲は、実は、他の哺乳動物と比べるとかなり狭いのです。

たとえば、ニホンザルの可聴範囲は28ヘルツから3万4000ヘルツ、ハツカネズミでは1000ヘルツから9万1000ヘルツ、コウモリでは1200ヘルツから400万ヘルツと、聞こえる音の周波数の範囲は人間より広いのです。

そのため、この聞こえる周波数帯域以外の「音声」を使った動物同士のコミュニケーションを私たちが自分の耳で聞くことはできません。たとえば、ハツカネズミなどは、3万ヘルツから9万ヘルツ程度の範囲の高い周波数の範囲での「歌」で求愛などのコミュニケーションを行っていることが知られていますが、その歌声は人間の可聴範囲を超えているので、人間はその求愛の歌を直接に聴くことはできないわけです。

†人間の視覚能力のレベル

視覚についてはどうでしょうか？　人間はしばしば「視覚的生物」と呼ばれています。人間の視覚の能力は他の生物種に比べて、優れているのでしょうか？

視覚には、その処理の対象に応じて、能力を他の生物種と比較することができます。視覚の重要な対象に色彩があります。色彩に関する視覚、色覚に関しては、人間の網膜にある錐体《すいたい》細胞（光を知覚する視細胞の一つで、円錐状の突起を持つ）の種類は標準的には3つです。これら3つのそれぞれの錐体が最適に対応づけられている光の波長は、低い方からおおよそ440ナノメーター（1ナノメーターは1メートルの10億分の1）、534ナノメーター、564ナノメーターで、これら3通りの錐体はそれぞれ「S錐体、M錐体、L錐体」と呼ばれています。S、M、Lはそれぞれ短波長（Short range）、中波長（Middle range）、長波長（Long range）を意味しています。

他方、他の多くの哺乳動物が持つ錐体の数はこれよりは少ないのです。たとえば、イヌ、ネコ、ウマ、ウシなどは、青い光に対応する錐体と、緑から赤にかけての波長の光に対応した錐体細胞の2種類しか持っていません。また、霊長類の中でも、人間やチンパンジー、オナガザル科マカク属のサル（旧世界ザル）は3種類の錐体を持っていますが、主に南米に生息するオマキザル、リスザルなどの広鼻下目《こうびかもく》（新世界ザル）は3種類の錐体を持ち得るのはメスのみで、オスはすべて2種類の錐体しか持っていません。

2種類の錐体しか持たない他の多くの哺乳動物に対しては、色覚における優位性が人間にあると言えるかもしれません。なぜなら、多くの種類の錐体細胞を持っているということは、より細かく色を見分けることができることを意味するからです。そのため、3種の錐体を持っている人間の色覚はイヌやウマの色覚より「優れている」という評価をすることにはある程度の正当性があると言えるでしょう。

ところが、色覚においても、人間の他の生物種に対する優位性はそれほど確かなものではありません。鳥類や爬虫類、魚類、昆虫類の多くは人間よりもさらに多くの錐体を持っているからです。たとえば、カラス、ハト、ニワトリなどは、300〜330ナノメートルの紫外領域の光を感知できる錐体を含め、4通りの錐体を持っています。

魚類にいたっては、さらに多くの錐体を持つものもいます。すでに説明したように、錐体の種類が多いということは、より細かく色を見分けることができるということです。つまり、人間より多くの錐体を持つ生物種が多くいるということは、人間より詳細な色の違いが見て取れる生物種も数多くいるということなのです。

視覚の空間解像度（空間分解能。どれくらい細かいものまで分解できるかを示す数値。デジカメのピクセル数に相当）についても、猛禽類のほうが人間よりずっと高いことが知られています。

網膜の空間解像度は、神経節細胞と視細胞の密度によって決まります。網膜上で最も視覚の空間解像度が高いのは「中心窩《ちゅうしんか》」と呼ばれる部位です。多くの鳥類では、中心窩以外にも1か所、「側頭窩」と呼ばれる視覚の空間解像度が高い部分があり、それぞれが、遠距離と近距離の視覚で使い分けられているようです。

より解像度が高い中心窩での視細胞（錐体細胞）の数は、人間では約16万個ですが、猛禽類で約１００万個と言われています。単純計算で、6倍程度、猛禽類の方が視細胞の数が多く、空間解像度も高いものと思われます。

視覚の時間解像度（いわゆる動体視力。カメラのシャッタースピードに相当）も、人間のそれは他の生物種と比べると、決して高くありません。視覚の時間解像度は時間周波数の単位を用いて記述されます。時間周波数とは、周期的に繰り返される刺激変動の1周期の時間的幅のことで、ヘルツの単位を使って表現します。1秒間に1周期で1ヘルツ、1秒間に2周期なら2ヘルツです。通常、50パーセントの確率で正しい選択ができる時間周波数を知覚の時間的解像度の目安とします。

人間の視覚の時間解像度は約60ヘルツ程度ですが、昆虫や鳥類の視覚の時間解像度は、種にもよりますが、もっと高いのです。たとえば、ミツバチ、ハエ、チョウはそれぞれ300ヘルツ、250ヘルツ、150ヘルツよりやや高い時間周波数で、ハトも150ヘルツ程度と、人間の時間的解像度よりも数倍高いのです。こうした飛翔する生物種は、自分や仲間、敵の羽ばたく羽も見えているに違いありません。

こうして人間の視覚能力を他の生物種と比較すると、決して「優れている」わけではないことがわかります。おそらくは、人間を含む哺乳動物は、夜行性だった時期に視機能のいくつかを失い、いまだにそこからの回復過程にあるのでしょう。ずっと昼行性だった鳥類や爬虫類、魚類や昆虫の方が、夜行性だった時期の長い哺乳動物より優れた視覚を持つ種が多いのです。

†限られた能力を補うヒューリスティクス

聴覚や視覚と同様に、嗅覚や味覚においても、人間の能力が他の生物種と比べて特段に優れているわけではありません。嗅覚の基礎過程については第二章で解説しますが、嗅覚の基礎にある嗅覚受容体の種類は、ゲノム解析の結果によると、人間やチンパンジーでは400種程度なのに対し、ネズミでは1100～1200種、イヌで800種、アフリカゾウで1900種程度です。受容体の種類が多いということは、それだけ多様な匂いを嗅ぎ分けられるものと考えられるのです。

このように、人間の他の生物種に対する優位性は（もしそんなものがあるとしたら）、それは知覚能力の優位性によるわけではないのです。では、人間は他の生物種と比べると、論理的判断や高次の認知的処理における能力において優位なのでしょうか？

第三章で紹介しますが、これらの面においても人間は必ずしも他の生物種に対して優位性を持つわけではないようです。おそらくは、それぞれの生物種は、その生存環境において、生き残るための知覚認知の条件を進化の過程で獲得してきたのでしょう。そこでは、他の生物種に対する優位性は必ずしも重要ではなかったのだと思います。「霊長類」という自己認識にもとづき、自らの優位性を信じ込むとしたら、それはとてもおこがましいことでしょう。

人間の知覚や認知のシステムは、他の生物種の知覚や認知のシステムと同様、限られた処理資源を精一杯使って環境の中で適応を試みていると言えます。その過程では、それぞれの生物種が、進化の過程で独自の工夫を獲得し、なんとかその環境で、大間違いせずに、命をつないできたのでしょう。

たとえば、人間の場合、空間の知覚に関しては、網膜像は二次元（面）的な画像なので、そこに対象の立体的（三次元的）な特徴に関する情報は欠けています。そのため、私たちの知覚のシステムは、たとえば両眼の網膜像のズレ、視点の移動によって生じる網膜像内の速度差、網膜像内の遠近法や重なり等々の「奥行きの手がかり」から三次元的な奥行き情報を取り出しています。そのことで、いわば間接的に、それなりに正しい奥行き知覚を成立させていると考えられています。こうした「奥行きの手がかり」は、対象の奥行きや距離の特徴と関連した視覚的特徴の対応関係についての学習によって獲得されることがこれまでの研究によって示唆されています。

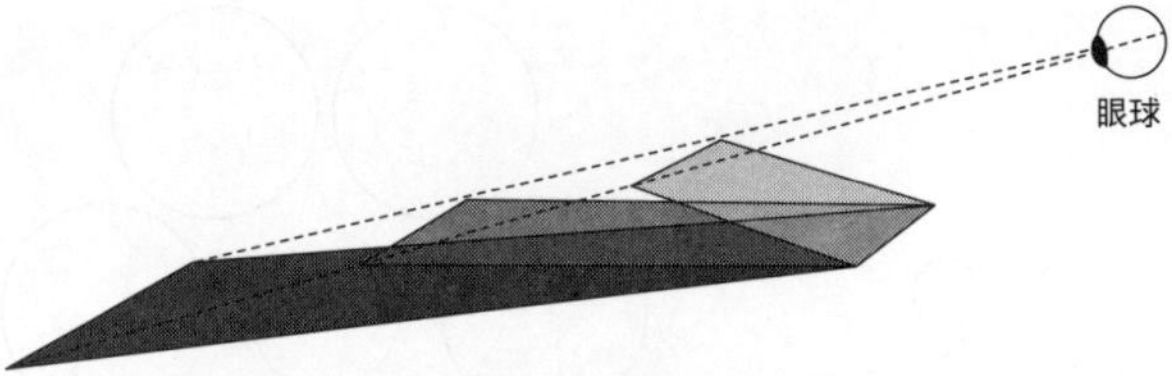

図 1-1　直角、平行、水平の偏好

固定された視点から、ある矩《く》形《けい》の面を観察する際、その4すみの角は鋭角や鈍角で、向かい合った辺は異なる方向に向かい、面は傾いていても、視覚系には、角は直角に、向かい合った辺は平行で、面は水平であるように（図中の真ん中の面のように）見る偏好がある。

また、「手がかり」以外にも、十分な情報がないときに採択されやすい、定番の解決方法が使われることもあります。こうした解決方法は「**ヒューリスティクス**」と呼ばれています（第四章）。たとえば、奥行き知覚においては、対象を、直角や平行、水平の特徴を持つものとして見なす偏好があり、ここでもヒューリスティクス的処理が行われています（図1-1）。

また、時間の知覚に関しても、その都度得られる知覚情報は、いわば〇次元（点）的な「時点」で得られるものなので、そこには事象の長さや事象の間の感覚などについての情報が欠けています。そのため、私たちの知覚のシステムは、たとえば特定の期間の中で認識された出来事の数、他の知覚様相に与えられた刺激強度等々の「時間の手がかり」から時間の長さについての情報を取り出すことで、間接的に、それなりに正しい時間の長さ

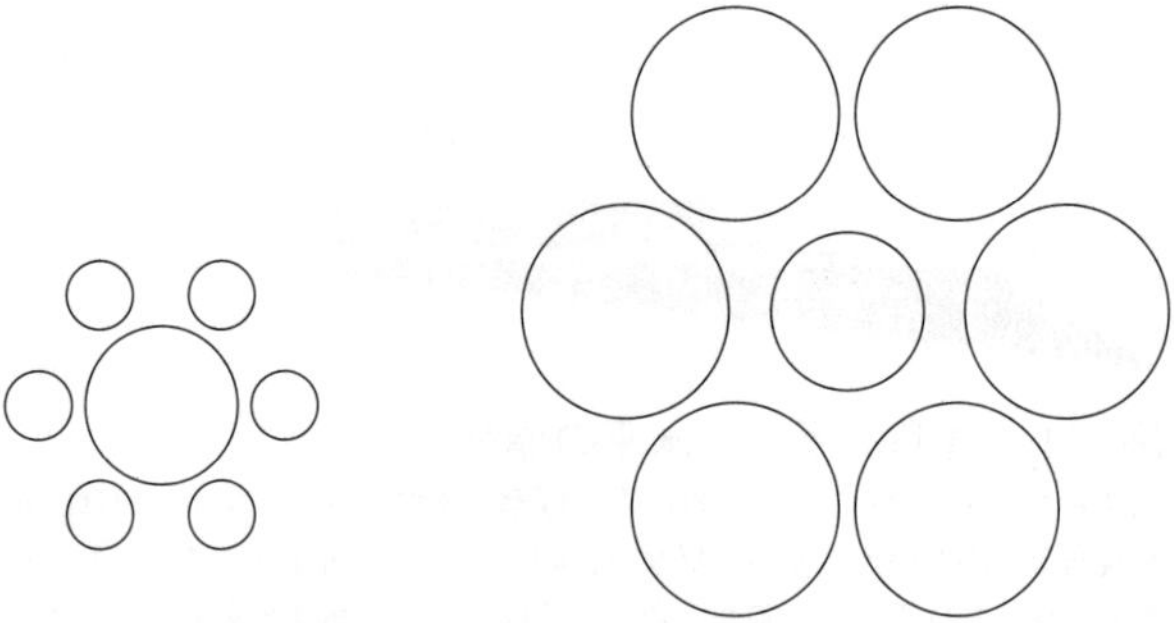

図 1-2　エビングハウス錯視
中央の円は左右で同じ大きさであるのに、周辺の円が大きいと小さく、周辺の円が小さいと大きく見える。

の知覚を成立させていると考えられています（こうした工夫の中身に関する詳しい解説については、拙著『錯覚学――知覚の謎を解く』集英社新書で詳述）。

このように、私たちの知覚のシステムは、空間や時間の知覚において、正解を得るには十分な情報がなくても、そんなに大間違いをしないような工夫を進化の過程で獲得してきました。これまでの研究で、こうした工夫は、それぞれ異なる生活環境で進化を遂げてきた生物種ごとに異なる内容となることもわかってきています。

†人間と逆のニワトリの錯覚

たとえば、図1-2は「**エビングハウス錯視**」という、大きさについての錯視を示すものです。人間の場合、真ん中の円は、周辺の円が大きければ実際より小さく、周囲の円が小さければ実際より大きく見える錯視が生じます。いわば、真ん中と周辺の円の間で、大きさの対比が強調されるような処理がなされていると考えられます。

ところが、ニワトリを使った実験では、人間とは逆で、真ん中の円は、周辺の円が小さければ実際より小さく、周囲の円が大きければ実際より大きく見えるという錯視が生じるようなのです。いわば、真ん中と周辺の円の間で、大きさを同化するような処理がなされていると言えます。

このように、生物種によって異なる錯視が生じるということは、生物種によって、それぞれの生活環境に適応するために、異なる様式で視覚情報処理の「工夫」を行っているものと考えられます。

人間の場合、ほとんど地上を水平に移動するばかりの生活環境です。それに対し、空を飛翔できる多くの鳥類は、垂直方向の移動が可能で、日常的に得ている視覚情報の内容に大きな違いがあります。そうした視覚情報から自分の生存にとって意味のある情報を取り出す方法が異なっているのも、生活環境や行動特性が違うのだから意外なことではないのかもしれません。

進化の過程からも、人間と鳥類とでは大きな特徴の違いがあることが予測されます。すでに紹介したように、人間の場合、他の哺乳動物と同様、長い夜行性の時期を経ています。この時期、哺乳動物は色覚や多くの視覚的機能を失ったと考えられます。それに対し、鳥類は、おおむね昼行性の系統発生過程の中で視覚的機能を進化させてきました。

そのため、人間を含む哺乳動物と鳥類に共通の視覚の特性は、多くの生物に一般的な特徴と考えることができるでしょう。それに対し、人間と鳥類それぞれに限定的に認められる特性は、個別の生態学的環境や進化の過程で採択された適応方略を反映するものと考えることができます。先に紹介したように、人間と鳥類とでエビングハウス錯視の方向性が違うのは、行動パターンの違いや進化の過程の違いが、視覚情報処理の「工夫」に反映されたためと思われます。とはいえ、どのような行動パターンの違いや進化の過程の違いが、こうした「工夫」の違いを生じたのかはまだ特定されてはいません。

†環境や行動様式を作り変えるという行動特性——認知を誤る理由(2)

さて、ここまで、人間が知覚や認知において他の生物種よりも高い頻度で誤る理由の1つめとして、人間の知覚認知の有限性について述べてきましたが、続いて2つめの理由を見ていきましょう。

それは、他の生物種にはほとんど認められない、人間という生物種の独特の行動特性にあります。それは、利便性や経済性などを求めて、生活環境や行動様式を大きく作り変えるという特徴です。数ある生物種の中で、人間のみが、特に、自分の生活環境をさまざまな領域にわたって作り変えています。この特性は人間という生物種において際立っていると言えるでしょう。

もちろん、生活環境を自分たちで作り変える生物種は人間以外にもいます。たとえば、人間を含む哺乳動物だけではなく、鳥類や魚類、昆虫（ハチやアリ、シロアリなど）のように、巣を作る生物種がそうです。ところが、これらの生物種は、いくつもの世代にわたって同じような巣を作ることを繰り返しています。したがって、利便性や経済性を求めて、数世代のうちに生活環境の大きな改変を引き起こすことはこれまでのところ観察されていません。世代が変わるごとに生活様式を大きく改変する人間のような生物種は、やはり特殊と言わざるを得ないのです。

太陽の周期のみに従って行動する多くの生物種と違い、人間は人工照明や冷暖房機を使うことで、望む時間に望む行動をすることが可能です。しかし、人間の身体の代謝などの状態は、他の多くの生物種同様に、太陽の昇り降りの周期によって調整される体内時計（生物時計）が司るリズムに依存して変動しています。そのため、体内時計のリズムに合わないような生活習慣を続けると、さまざまな心身の問題が生じることになります（体内時計の狂いが引き起こす心身の問題については拙著『「時間の使い方」を科学する』ＰＨＰ研究所で詳述）。

また、技術の革新を繰り返すことによって、人類の移動速度はどんどん上昇しています。自分の足で歩いたり走ったりするのと比べると、数倍から数万倍の速度で遠くへ行くことが可能になっています。そうした高速移動の中では、従来の移動速度では深刻な問題を引き起こさなかった知覚や認知の限界、制約が、致命的なトラブルにつながりかねません。

さらに、コンピューターやタブレット端末、スマートフォンなどのディスプレイを用いたコミュニケーションを行うようになって、短い時間の間に大量の情報をやりとりしたり、目にしたりする機会も多くなっています。

ただし、通知できる情報量が技術的に増え、一度に大量の文字や記号、画像を見られるようになったとしても、だからといって、これらの情報がちゃんと伝達されたことを意味しません。視野に入った刺激でも、何らかの処理を経ないと、記憶に残らないだけではなく、そもそも何が提示されていたのか判別されないことが多いのです。

特に、意味の処理が必要な場合、注意を向けて深い処理をする必要があります。十分に注意を向けることができなければ、いくらそれ自体が目立つ特徴を持つ情報や対象であっても、かなり高い頻度で見落とされることがあります。

さらに、処理しなくてはいけない情報が大量になった場合、それを正確に判断するのは困難です。目の前に提示された対象が多いと、それぞれについて一度に集中するのは困難ですし、かといって、対象全体にわたってぼんやりと注意を向けても、それぞれの対象に対して十分な精度と深度を持って処理することは難しいからです。

さらには、判断に十分な時間が与えられていない場合、私たちはある程度決まり切った方略で情報を処理、判断する傾向があり、しかも、その結果として、同じ判断の誤りを繰り返します。やりとりできる情報量が莫大なものになった現在、そうした大量の情報に惑わされず、適切に対峙するためにはどのような配慮が必要か、整理する必要があるのです。

†新環境についていけないのは当たり前

行動様式に関しても、長い進化の過程では合理的かつ適切であったものが、改変された新しい生活環境においては合理性を失い、むしろ不適切になるものが散見されます。たとえば食物を得て、食べるという行動習慣がそうです。

現在の野生動物の生活状況を見ると、初期の人類も、食物を採取できる機会はそれほど多くなかったはずです。むしろ、長い期間にわたって食物にありつけず、飢えることもしばしばあったと考えられます。そうした状況では、食べられるものがあった場合、保存せずにすぐそれを摂取することが生存のために適切であったと言えるでしょう。

四季のある地域では、食物を見つけやすい季節と見つけにくい季節とがありますが、人間以外の野生の霊長類の行動様式を見ても、多くの食物が得られた際に、それを保存して、食物の少ない時期にそれを食するという行動様式を持つものはいないようです。

我々の先祖は、おそらくは食物の蓄えなどしなかった時期が長かったと思われます。また、食物だけではなく、家財や衣服などについても、「蓄える」という行動様式はあまりなかったものと思われます。

蓄えるということは、今は使わないものを将来の目的（摂取や使用）のために保持しておくことです。そのためには、蓄えに割り当てられるだけの大量の収穫や、保存の技術、将来の状態に対する予測や期待などが必要です。当然、今現在をなんとか生き延びることがやっとという余裕がない状況であれば、そういった行動様式は可能になりません。

そして、蓄えることと同様、人類進化の過程で長らく馴染みのなかったものに「預ける」という行動様式があります。この場合も、蓄えると同様、将来への予測や期待などが必要です。

現在の社会制度の中では、預けることで利息が発生しますが、この不労所得を得るためにいつまで預けるのか、という適切な将来予測が重要になります。しかし、不労所得は人類史においてずっと馴染みのない概念でした。だから利息の特性に対応した適切な判断をすることは、私たち人間にはとても難しいのです。直感的に判断した場合、思いもよらない損をしたり、得られるはずの利得を逃したりすることが多くなります。こうした損得勘定の認知に関する問題については第四章で解説します。

このように、人間という生物種は利便性などの追求により、生活環境や行動様式を次々と作り変えるという点が際立った生物種です。しかし、新しい生活環境や行動様式は、進化の過程で接することがなかった初めてのものであるため、さまざまな問題を引き起こし得るのです。つまり、自然環境に対応して進化してきた知覚認知過程は、人工的な環境においては、常に不適応を引き起こし得るという、潜在的な危険がある状態と言えます。

拙著『錯覚学――知覚の謎を解く』で紹介しましたが、画像の大きさや長さ、方向が実際とは違って見える「錯視」の多くは、三次元的な実環境の中での奥行きや距離の知覚のために構築された適応方略を、二次元的な平面画像の観察に誤用したために生じる問題と考えられます。

作り変えられた新しい生活環境は、従来の進化の過程で獲得した知覚や認知システムでは、適切な情報を得るのが難しくなります。自然環境に適応してきたように、人工的な環境や新しい行動様式に適応的に進化することで問題を回避できないものでしょうか？　この問いに対する答えはかなりネガティブなものになりそうです。

なぜなら、通常の進化はゆっくりしたものだからです。環境に適応的な特性の個体がより多くの子孫を残すことによって数世代かけて進行します。しかし、技術革新などによる変化は一世代のうちにも大きく変動するため、生物学的な進化の仕組みでは対応が難しいのです。そのため、生活環境や行動様式を改変するという特性が失われない限り、これからも人間という生物種は、いつまでも非適応的な知覚を行い続けなくてはならないのです。

†錯覚を自ら利用するという行動様式――認知を誤る理由⑶

人間が知覚や認知において他の生物種よりも高い頻度で誤る3つめの理由は、人間自身が知覚の誤りを、意図的に利用しているということです。この特性も、他の生物種にはない、人間に固有のものです。

たとえば、私たちは、受け身の形で環境から情報を受け取るだけではなく、コミュニケーションや娯楽などの目的で、積極的に錯視を利用しています。

身近なところでは、テレビやパーソナルコンピューターなどのディスプレイを使ってさまざまな色彩や立体的なオブジェクトを動画像で見られるのも錯視の利用です。

ディスプレイの原理としては、赤、緑、青という光の三原色による提示ですが、その強度をさまざまに変動させることで、人間の目には自然な色彩に見えています。これは、網膜にある3つの錐体細胞の活動の組み合わせによって、見える色彩が決まる「**混色**」という現象です。実際に提示された波長の光が対応した色彩とはまったく違った色彩が見えるということでは、「混色」は錯視と言えるでしょう。ディスプレイの場合、発光する光の波長の種類を増やせば、網膜までたどり着く光の波長の種類が増えることから「**加法混色**」と呼ばれています。

画像は平坦で二次元的です。ところが、私たちは、画像に遠近法や陰影などさまざまな

「奥行き手がかり」を示すことで、立体感や距離感が感じられるような視覚的コミュニケーションを行っています。なんらかの奥行き手がかりが含まれていれば、線画であれ、写実的な絵画であれ、写真であれ、それが平面的画像だと頭ではわかっていても、特に努力しなくても、すぐに立体的構造の知覚が成立することを利用しているのです。こうした現象は「**立体視**」と呼ばれています。

最近では、両眼が左右に離れた位置にあるために生じる両眼の網膜像における違い（両眼視差）や、視点の移動にともなって生じる網膜像の変動（運動視差）を提示することで、よりリアルな奥行きの表現が試みられています。両眼視差と運動視差にもとづく奥行き知覚は、それぞれ「**両眼立体視**」、「**運動立体視**」と呼ばれています。

実際には奥行きを表現するつもりがなくても、視覚系が手がかりとみなして処理してしまった場合、奥行きを感じたり、〃あるはずの奥行き〃に対応して大きさや角度、明るさが実際とは違って見えたりすることもあります。

立体視の現象は、本当は平坦である画像が、奥行き手がかりを示すことで立体的に感じられるので、錯視と言えます。ディスプレイにおける奥行きや立体の表現もこの特性を利用しています。つまり、立体感の表示に立体視を用いた奥行きの表現という錯視を利用しているのです。

さらに、動画像にも錯視が利用されています。テレビや映画、PCや携帯電話のディスプレイで動きが見えていても、実際の画面上では何も動いていません。明るさで規定されるパターンが、一定の時間と空間の範囲内で、場所や形状を変えているだけなのですが、私たちの視覚系はそれを動きとして見てしまいます。これは、「**仮現運動**」という現象で、運動錯視の一つです。

このように、ディスプレイを用いた色彩、立体感、運動の表示には「混色」「立体視」「仮現運動」といった錯視が使われています。観察対象の物理的特性（一定の時間幅の中で明るさのパターンが変動する赤・緑・青の3色からなる二次元的な画像）とは異なる知覚が成立しているので、錯視と言えるのです。

†錯覚の賜物としての芸術

同様の錯視は、絵画や印刷物、さまざまなタイプの標識などにおいても利用されています。たとえば、絵の具を用いた色彩表現は、特定の波長の光を吸収し、それ以外の波長を反射する塗料を混ぜ合わせることにもとづきます。この場合、混ぜ合わせる塗料を増やすと、反射され、網膜までたどり着く光の波長の種類が減っていくことから「減法混色」と呼ばれます。網膜の3種類の錐体細胞の興奮の組み合わせで見える色彩が決定されるという点では「加法混色」と同じですが、反射光を制限するという原理にもとづいています。

奥行きや立体の表現において、ルネサンス期以降の多くの絵画では線遠近法が用いられていますが、約3万2000年前のショーベ洞窟（フランス）の壁画や、約4万年前のスラウェシ島（インドネシア）の洞窟壁画においても、奥行きの手がかりを用いた表現が認められます。これらの壁画はいずれも生活圏内にいた動物を描いたものと考えられます。原初的な絵画表現を始めた頃から、人類は今と同様の奥行き手がかりを用いて表現をしていたということは、とても興味深いことです。

印刷物を用いた動きの表現としては、少しずつ異なる絵を連続したページに描き、それを次々に高速でめくる「**フリップブック（パラパラ漫画）**」という手法があります。この運動表現は印刷物を用いて仮現運動による動きの知覚を引き起こすことにもとづきます。

動きの表現は仮現運動だけではありません。絵画表現として、動いている対象の運動と反対側に線（モーションライン）を書き込むという運動表現法があり、漫画などに用いられています（図1-3）。

モーションラインの描かれた画像を見ていると、仮現運動や実際の運動をしばらく観察した場合と同様、示された動きと逆方向の動きが見えるでしょう。こうした錯視を「**運動残効**」と呼びます。モーションラインを描くと静止画で動きが表現できるということは、おそらくは、実際に視覚系に運動信号を与えているからなのでしょう。

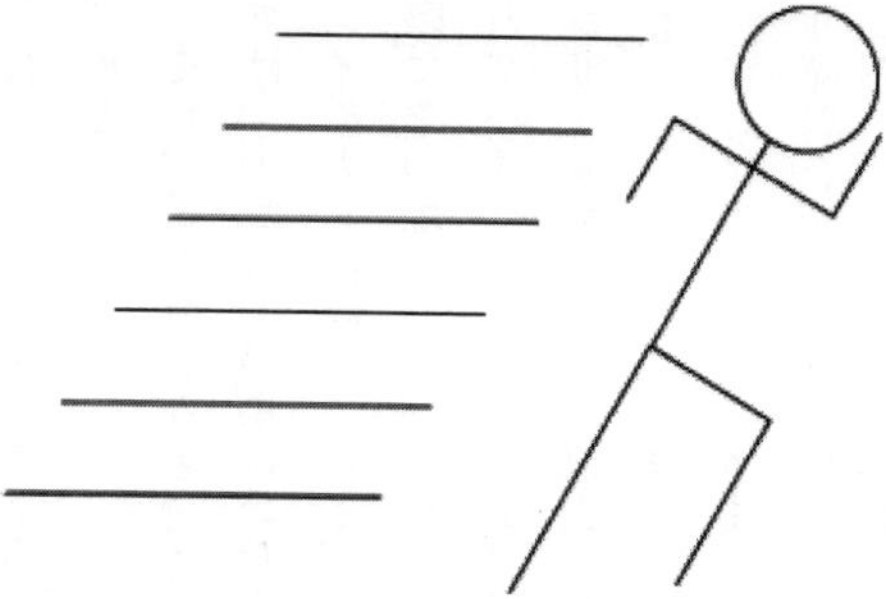

図1-3　モーションライン
運動する対象の進行方向と逆側に線を書き込むことで運動を表現することができる。

私たち人間は意図的に錯視が生じる状況を作り出し、それを利用して画像を用いた視覚情報を伝達したり、楽しみを得たりしています。錯視や錯覚を利用して生活に利用している生物種は人間の他には見つかっていないと思います。自らが積極的に錯視の生じる状況を作り出しているため、人間は他の生物種と比較して日常生活の中で錯視と出会う可能性が特に高いのです。

なお、こうした錯覚の利用は視覚の領域にとどまりません。2つのスピーカーを使ってさまざまな音が異なる位置にある音源から発せられるように感じられるステレオ音響は「**錯聴**」の利用と言えます。

また、娯楽分野などでも利用が増えてきたバーチャルリアリティー（VR）のシステムでは、実際にその場にいたら目に入るであろう視覚刺激を目前のヘッドマウントディスプレイや大画面映像で示し、ヘッドフォンや複数のスピーカーを使って音響刺激を与え、実際にその場にいない人にも、あたかもその場にいるような感覚を引き起こすことが試みられています。こうしたシステムの構築は、その場にいるのと同様の出力を私たちの知覚センサーが発すれば、私たちはあたかもその場所にいるように体験するだろうという予測にもとづいてされています。

さらに昨今では、さまざまな筋運動感覚や運動感覚を操作するために、椅子が振動したり傾斜を変えたり、風を大量に吹きかけたりします。鑑賞ブースや実験室にいるのに、さまざまな環境でいろんな状況におかれた体験ができるように、錯覚が積極的に利用されているのです。

†人間という生物種の特殊性

ここまで見てきたように、人間という生物種は、身体的、精神的な特性及び能力は進化の結果に縛られています。そのため、進化によって適応してきた自然環境においては、致命的な大間違いをすることはほとんどないものの、利便性の追求のため作り出した人工環境や、その中で新たに課されることになった知覚認知課題においては、大間違いをする可能性があるのです。

また、自らの知覚や認知の特性を利用してさまざまな情報伝達を行う中でも、非適応的な行動を実行することがあります。人間という生物種は、環境や行動様式を自ら改変することで、進化の結果として得られた我々自身の制約から常にはみ出そうとする珍しい生物種と言えます。

ここで特筆すべきは、人工的環境や、その中で新たに課されることになった知覚認知課題において、間違いを犯すことは少ないかほとんどないことを前提に、さまざまなシステムが構築されているということです。

実際には、この本でも紹介するように、新しい人工環境や、これまで進化の過程で十分に適応してこなかった課題の解決においては、頻繁に間違いを犯しています。にもかかわらず、知覚認知過程に関しては、人間の能力の過大評価もあるのか、ますます高い精度が求められているようです。
しかも、そうした認知課題の中には、これまで、我々の進化の過程で経験してきた環境にはないさまざまな特性があることが指摘されています。それに対して、我々が進化の過程で獲得した判断の方略を適用すると、非合理的な判断に落ち着くことが多々あるようです。こうした過程は第四章で詳しく紹介します。

†人間は本当に霊長なのか?

人間は自分たちを「霊長類」と呼び、進化の過程で他の生物種より優位な存在であることを誇示しているかのようです。しかし、これまで説明してきたように、人間の知覚系は多くの「間違い」を引き起こすことが知られ、他の生物種と比べて、見誤りを生じる可能性は決して低くはありません。さらには、視覚の空間解像度や時間解像度、色彩の弁別能力に関しては、進化の過程でずっと昼行性であった鳥類と比べると、かなり見劣りしそうです。

人間が他の生物種と大きく異なるのは、言語を駆使してコミュニケーションする点です。言語を使った会話において他者とコミュニケーションをとり、自ら体験しなかったような事柄について情報を得て学ぶことができます。そうした事柄を文字で記録することにより、何世代にもわたる体験の成果を知識として伝達することも、知識を更新することもできます。こうした能力は、他の生物種にはない、人間に固有の特性と認めることができるでしょう。

実際、いま読者が読んでいるこの本の内容も、数世代にわたる人間の知覚や認知の特性についての経験的探求の蓄積にもとづくものです。こうして文字として記録された情報を、自らの知識として取り込むという、読者自身がいま体験している情報伝達の様式は、まさに人間という生物種固有の能力なのです。

†知識で錯誤は避けられるか

では、こうした言語を駆使した能力によって、知覚や認知のさまざまな問題を解消することはできるでしょうか？　このことに関しては、興味深いことがいくつかわかっています。まず、経験や文字による伝達によって得られた知識によっては、なかなか錯覚や錯視は補正できないという点です。

ただし知識によって観察の際の枠組みを与えられると、錯覚や錯視を減らせる可能性があります。たとえば、**「ミュラー・リヤー錯視」**という有名な図があります。「<—>」「>—<」という二図を並べて見ると、中央の線分は、両端の矢羽根が内向している（前者）とより短く、外向している（後者）とより長く見えるというものです。

この錯視において、観察者に、それぞれの主線の端点をつないだ線が平行に見えるかどうかを判断させると、錯視の量が減ることが知られています。観察の枠組みについてのこうした知識を得ることで、錯視の程度を軽減することは可能です。

しかし、こうした知識による効果は、当然のことながら、そうした枠組みのもとで観察できる状況に限定されます。上述したミュラー・リヤー錯視に関しての軽減効果は、2つの図形が近い場合しかありません。二図が遠く離れていると、効果はほとんど期待できないのです。

また、言語で知識を与えられても、認知的錯誤に関しては解消が難しいことはたびたび指摘されてきています。さらに認知的な能力は言語の取得によって、逆に阻害される可能性があることも報告されています。

たとえば、ハトの空間認知能力や記憶に関する能力は、人間と比較するとかなり高いものであることが知られています。ハトは、300枚以上の複雑な自然画像を3年以上の期間にわたって記憶できることが報告されていますが、一般的に、人間にはこのような記憶はできません。実は、人間におけるこうした能力の欠如は、言語の獲得によって生じた可能性が指摘されています。系統発生的に人間と近い霊長類の認知能力と比較しても、人間のその領域における能力は決して高くありません。

たとえば、画面全体にわたって提示された1から9までの数字について、大きさの順番で触れていくという課題を、人間（大学生）やチンパンジー（大人／子供）にさせた研究があります。数字は人間の作り出したものですが、5歳半程度のチンパンジーでも、こうした課題を正確に行うように学習することができます。

この画面は、提示される数字のどれでも指で触れた瞬間に、すべての数字が四角形に置き換えられる（マスク提示）仕組みになっています。置き換えられた四角形を、マスク提示される前の数字の大きさ順に、指で触れるというのが課題です。

この課題を成功させるためには、数字が正方形に置き換えられるまでの間に、すべての数字を記憶する必要があります。そして、その記憶から数字の大きさに関する情報を取り出せなくては、課題は遂行できません。

実験では、人間の成人よりも子供のチンパンジーの方が圧倒的に好成績であることが報告されています。1から9までの数字が短時間のうちに四角形に置き換えられても、子供のチンパンジーは、正確に順序通りに指で触れることができたのです。それに対し、人間の成人では、9個の数字の順に指で四角形に触れるということはほとんどできませんでした。数字を5個まで減らした場合も、数字の提示が短くになるにつれ正答率が下がったのです。

この結果は、チンパンジーの子供に、目前の事物についての画像的な記憶（映像記憶、写真記憶、直観像記憶などと呼ばれています）があることを示唆します。人間の子供でも、こうした直観像記憶を持つ者がいることが知られていますが、通常、成人になる前に失われます。人間の成人の場合、外界の特性を言語によって抽象的に捉える処理をするようになることで、優れた直観像記憶の能力が失われた可能性が指摘されているのです。

もっとも、大人のチンパンジーの場合、子供のチンパンジーより成績が悪くなることも知られています。チンパンジーにおいても、発達の過程で優れた直観像記憶が失われるということになります。ということは、直観像記憶が失われるのは、言語の獲得やそれによる外界の事象の認識の仕方の変化によるものではなく、霊長類一般の発達的特性によるのかもしれません。

成長の過程で、どのような認知能力を獲得したり失ったりするのかは、認知心理学の重要な研究課題です。

人間は「霊長類」と自認しているにもかかわらず、その知覚認知系は、他の生物種のそれと比べて、特に優秀ではないことがわかりました。というか、むしろ能力が劣っている点をいくつも指摘できます。

人間という生物種が他より秀でた能力としては、まずは言語表現を用いて経験を他者と共有し、同じ失敗を犯すことを避ける可能性があること、そして、みんなに共通の問題があった時に、その対処法を、やはり言語を用いて検討し、成果を文書の形でのちの世代にも引き継げることでしょう。

そうした能力が、実際にどれほど他の生物種と比べて「優れている」のかについては、読者のみなさんが本書を読み終えた後に判断してほしいと思います。

第二章

音を見る、光を聴く――感覚はウソをつく

†あらゆる知覚様相に錯覚がある

錯覚とは、刺激の物理的特性とそれに対する知覚内容との間に乖離《かいり》がある状況のことを意味します。前章では、主に視覚における錯覚を取り上げながら、実は人間の知覚認知がそれほど当てにならない理由を述べてきましたが、視覚以外のすべての知覚様相（聴覚・触覚・味覚・嗅覚など）においても錯覚が存在しています。しかし、視覚と比べると他の知覚様相において見出されている錯覚はまだ少ないのが現状です。

これは人間の情報コミュニケーションや道具の使用において視覚が多用されるのに比べ

ると、他の知覚様相の操作が十分に試みられていないことと無関係ではないでしょう。

また、我々が日常的に使っている文房具やコンピューターソフトでは、動画像や静止画像に関する操作は、他のコミュニケーション媒体（音声や音楽、手触りを与える表面材質など）の操作よりも簡単に行えます。そのため、視覚に関する錯覚のデモンストレーションが、他の知覚様相のそれよりも流布されやすいという状況があります。これにも、視覚以外の知覚における錯覚があまり知られていないことが影響しているでしょう。

しかし今後、情報コミュニケーションにおいて、視覚以外の知覚様相の操作も行われるようになると、その刺激と知覚認知過程との関係の理解が進み、多くの錯覚が見出されることになるでしょう。

どの知覚様相でも、知覚系が得ることのできる情報は限られています。対象の特性のうち知覚できるのは、それぞれの様相における感覚器官が神経信号に変換できるものだけだからです。その限られた情報を元に適切に行動できなければ、生物は生存していけません。

そのため、知覚できた情報にもとづいて適切に行動するための方略を、それぞれの生物種は進化の過程で獲得してきました。この適応方略に従った情報の処理が、対象や観察環境の特性によって、実際の特徴と知覚内容との間に不一致が生じ、そのことで錯覚が顕在化するという点では、それぞれの様相における錯覚は錯視と類似しています。また、従来の環境では接する機会が少なかった対象や、生存に直接関係ない事柄に関する知覚で、観察対象の実際の特徴と知覚内容との間に不一致が生じやすい、つまり錯覚しやすいという点でも、それぞれの様相における錯覚は錯視と類似しています。

この章では、視覚以外の様相における主な錯覚を紹介した後、知覚様相間での情報伝達の齟齬《そご》から生じる錯覚について解説します。

†聴覚の錯覚

私たちは環境について、視覚だけではなく、聴覚からも多様な情報を得ています。音声を用いたやりとりは私たちのコミュニケーションの重要な基礎です。聴覚刺激としての音楽も、我々の気分の操作や娯楽のためにさまざまな状況で使用されています。多くの情報コミュニケーション場面で聴覚刺激が用いられており、これまでに見出された聴覚的錯覚の数は視覚的錯覚に次いで多いと思われます。

身近な聴覚的錯覚として、音源の位置を勘違いさせるというものがあります。これは、両耳への聴覚的刺激の強度やタイミングによって音源の位置が実際とは異なる位置に知覚されるという現象です。

自分の正面から左右に同じ距離だけ離れたスピーカーを使って同じ強度とタイミングで音を鳴らすと、それぞれのスピーカーから音が出るようには感じられず、正面の単一の音源から音が出ているように聞こえます。複数の刺激が単一に知覚されるという点は、複数の波長の色光が単独の色光に見える混色と類似した特性と言えます。片方のスピーカーの音の強度を相対的に強めたり、速めたりすると、やはり音源は一つのまま、音源がそのスピーカー側に偏ったように感じられることでしょう。この錯覚は、複数のスピーカーを用いたＡＶ機器で積極的に利用されています。

聴覚による音源定位にも順応的変化が生じます。左右どちらかに偏った音源から出る音を数十秒聞いた後に正面の音源から音を提示すると、それまで聞いていたのとは逆の方向に偏った位置から音が出ていると感じられるような変化が生じるのです。

自然環境では、時系列的に同期する音刺激や、一連のパターンにもとづいて変動する音刺激は、ほぼ常に同じ単一の音源から発せられたものです。その単一の音源の位置により左右の耳で得られる音刺激の強度やタイミングが変動します。この聴覚的錯覚は、２つの耳が得た聴覚的情報から音源位置を特定する際に使っている方略を反映したものなのです。

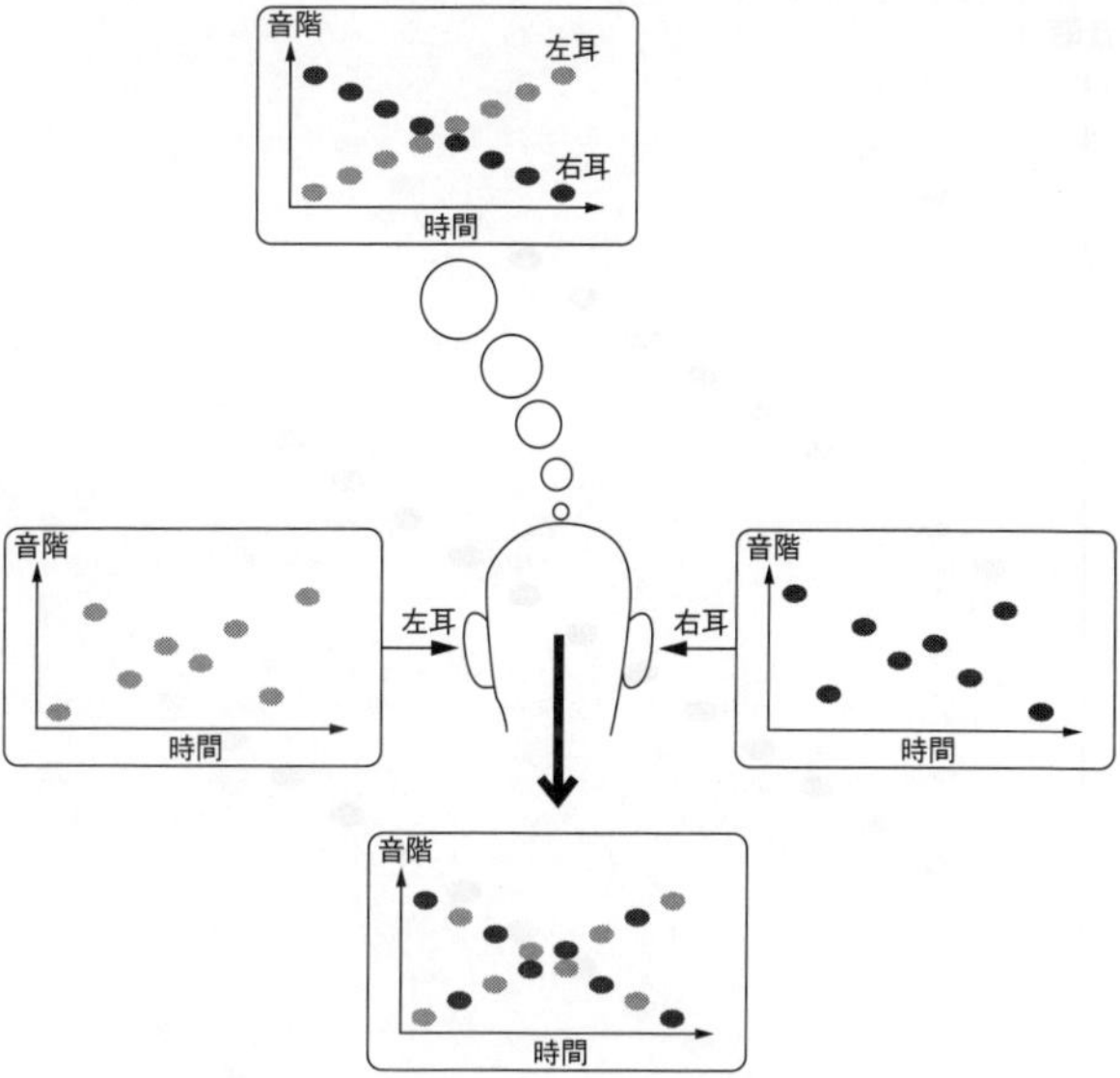

図2-1　両耳による聴覚における錯覚

縦軸は音階、横軸は時間、一つ一つの楕円は音を示す。左右の耳に交互に近い音階の音が提示された場合、各耳に提示された音の音階が不連続であっても、音階が連続しているように聞こえる。

左右の耳に交互に近い音階の音が提示されると、実は不連続の音階でも連続しているように感じられます（図2-1）。この現象は、左右の耳に届いた音が、音源の位置の同一性よりも、音の特性の類似性にもとづいてまとめられていることを示します。

アメリカの認知科学者のロバート・シェパードは、自然環境では接することがない聴覚刺激によ

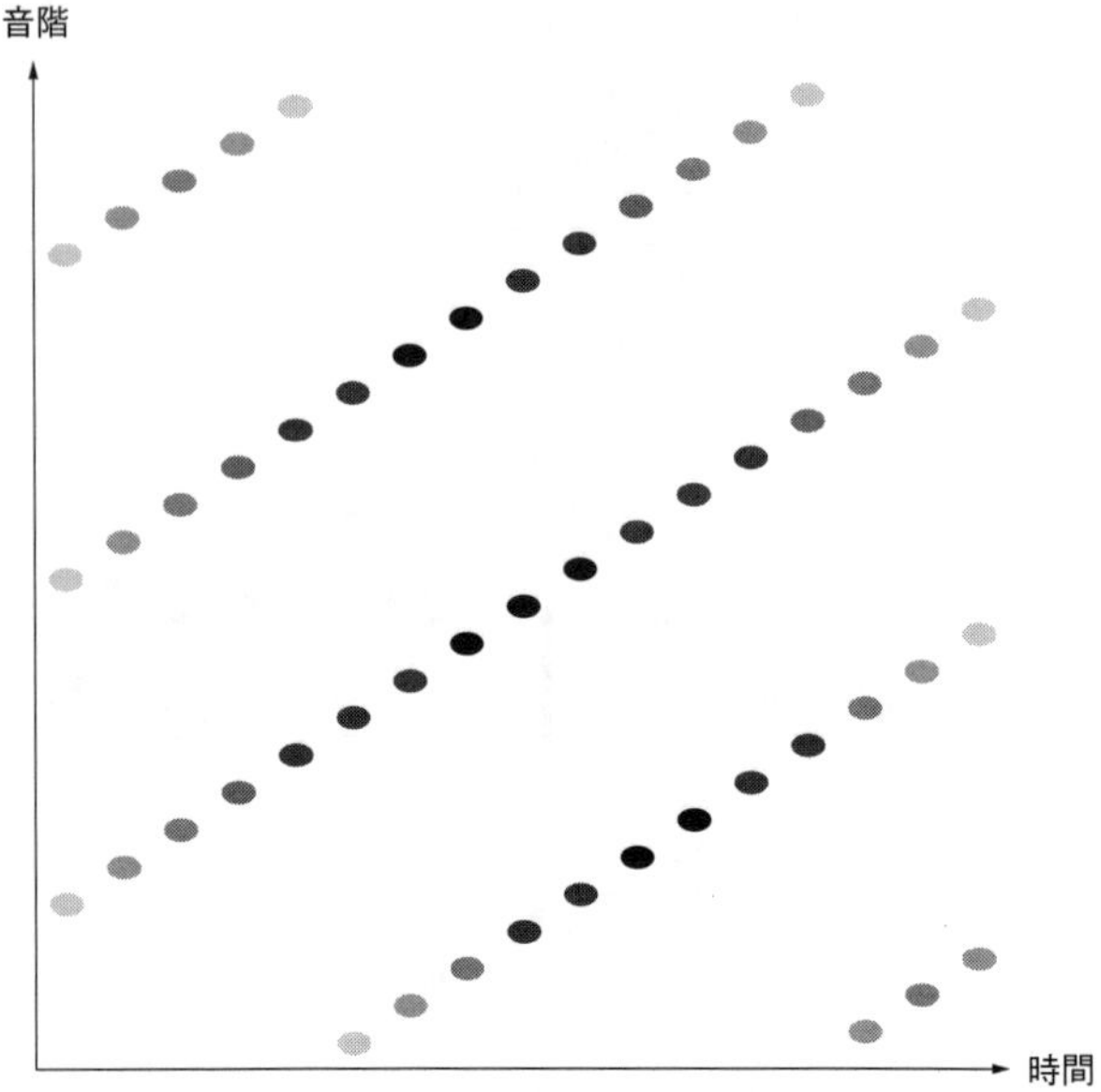

図2-2　シェパード・トーン

縦軸は音階、横軸は時間、一つ一つの楕円は音を示す。楕円の濃淡は刺激強度を示し、黒ほど強い刺激を示す。このように提示された音を聞くと、音階が延々と上がるように聞こえる。

って錯覚が生じることを示しています。図2-2のように、1オクターブずつ高さがずれた複数の音階を、少しずつ上げながら次々と提示すると、無限に上昇する音階に聞こえます。同じ刺激を逆に提示すると、無限に下降する音階に聞こえます。これらは「**シェパード・トーン**」と呼ばれています。

オランダの画家エッ

シャーの作品である『上昇と下降』は、別名「無限階段」と呼ばれていて、**不可能図形**と呼ばれるものの一つです（図2-3）。この図形は、局所的に立体的な階段の知覚を成立させる情報があると、全体的な構造に不整合性があっても、視覚的に無限に続く階段に見えることを示しています。

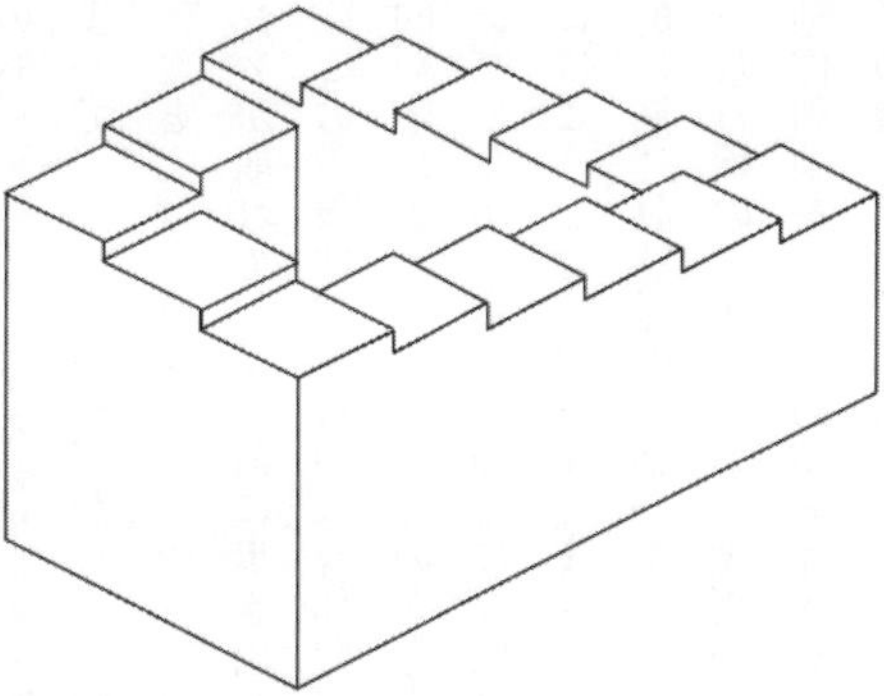

図2-3　エッシャーの『上昇と下降』と同じ原理に基づく「無限階段」
全体的な構造が不整合でも、立体的な階段の知覚を成立させる局所的情報があると、無限に続く階段として見える不可能図形。

聴覚におけるシェパード・トーンも、視覚における『無限階段』と同様の処理方略が用いられています。聴覚的には部分的な連続性の知覚が成立しているので、刺激全体に整合性がなくても、音階が無限に上昇や下降するように知覚されるのです。

身体状態の錯覚

身体の状態についての知覚の基礎は、内耳の半規管や骨格筋肉の筋紡錘《きんぼうすい》（筋肉の収縮状態を検知する紡錘形の受容器）にある感覚神経端末です。身体状態に関する錯覚によって、これらの器官からの情報がどのように処理されているのか理解できます。

たとえば、ランニングマシンで数十秒から数分間ジョギングをして床に降りると、バランスが崩れて、つい前に歩き出してしまいがちです。

この現象は、走行中に身体のバランスをとるため生じた身体重心についての筋運動感覚的順応によって生じるものと考えられます。同様の現象は、ランニングマシンで片足ジャンプしながら走った場合にも生じます。しかし、使わなかったもう一方の足で立った場合にはこうした現象は生じません。これらのことから、それぞれの身体部位の筋運動に限定的に筋運動感覚的順応が生じることがわかります。

飛行機のパイロット訓練用の装置に、地上よりも強い重力を発生させて高速フライトの動作訓練を行うものがあります（図2-4）。この装置では回転運動するアームの先に訓練者の乗るブースがあります。

装置が回転すると、通常の垂直方向の重力だけではなく、遠心力により水平方向の加速度が加わります。ブースの傾きによって、重力加速度と遠心力の合力が訓練者の頭から足に向けた方向にかかると、ブースの中の訓練者は筋運動感覚を通して、地上より大きな重

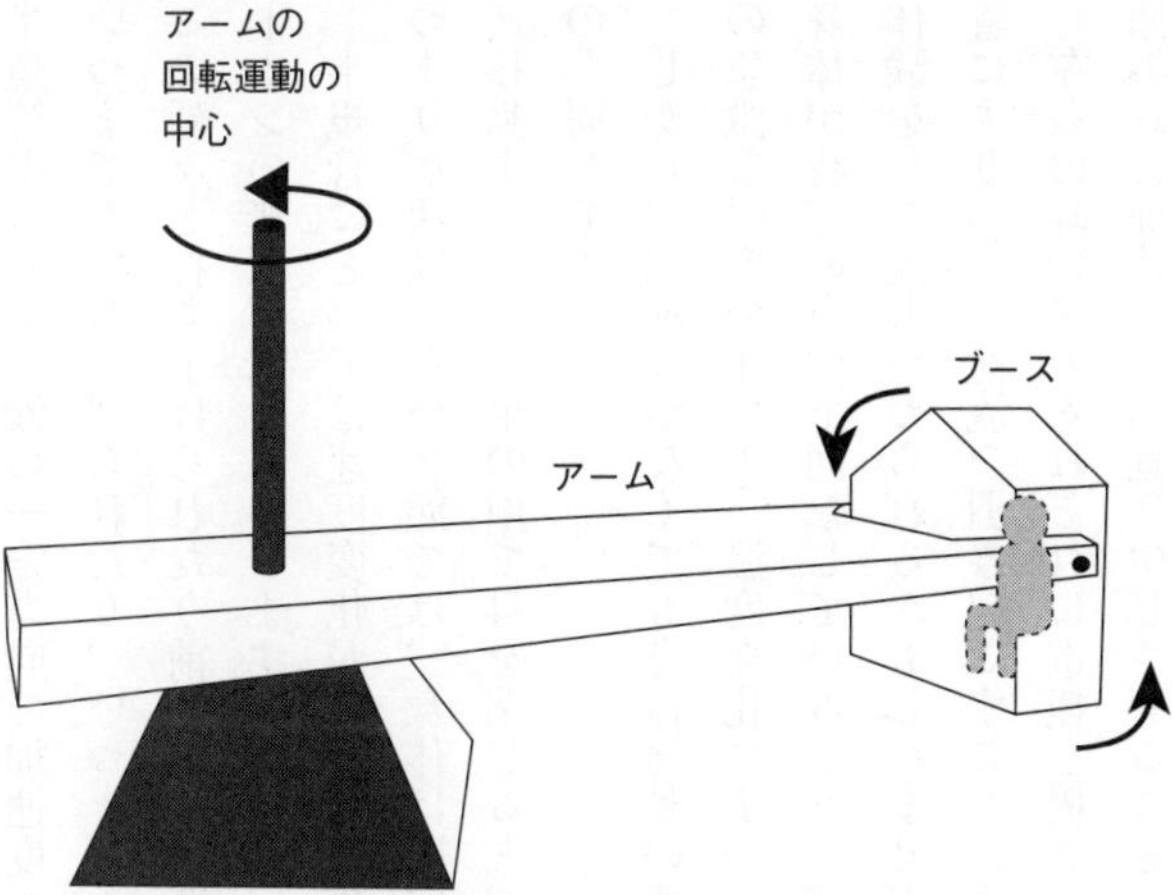

図 2-4　遠心加速度負荷装置

回転するアームの先に人が搭乗するブースがついている。アームの回転が速くなるのとともにブースも足の方が回転の外側に向くように傾けられる。遠心力により、アームの回転速度に応じて観察者には強い重力が感じられる。

力を受けます。首や腕、指を持ち上げようとしても通常より重く感じます。

この装置で、重力が次第に大きくなる段階では、訓練者は延々と空に向けて打ち上げられているように感じます。逆に、回転速度が落ちる際には延々と頭から前のめりに転落するように感じます。実際に落下する際には、前のめりに落ちても、真っ逆さまになればそれ以上前のめりになることはありません。ところが、回転速度が変化する際には頭部に加速度が加えられ、半規管内のリンパ液に一定方向の加速度が延々と加えられることになります。そのため、いつまでも打ち上げられたり、いつまでも前のめりに落ちたりするように感じるのです。この延々と打ち上げられたり前のめりに落ちたりするような感覚は、聴覚のシェパード・トーンの無限下降と似ています。

半規管にとっては速度変化があって初めて感覚信号が得られます。そのため、定速運動、つまり加速度がない状態では、身体は固定しているように感じられるのです。これは、定速移動中の電車や車の中で目を閉じると、自分の身体が移動しているようには感じにくいのと同じです。

しかし、加速度がなくても身体運動の感覚を作り出すことができます。たとえば、内耳の急激な温度変化です。温度変化によって半規管内のリンパ液に対流が生じると、自分の身体が特定の方向で回転しているように感じます。お酒を飲み過ぎた際に眼が回るような体験をした読者がおられるかもしれません。これも、体内に摂取されたアルコールが半規管に入り込み、対流を引き起こすことによって生じる現象です。

左右の耳の後方それぞれに電極を置き、数ミリアンペアの電流を流すと、プラスの電極側の耳に加速度の感覚を生じさせることができます。半規管を通して加速度の感覚が生じると自動的に身体が傾くので、歩行方向を変えることができます。この方法を使って、安全な歩行を制御する「人間ラジコン」と呼べるような装置が開発されています。

†皮膚感覚の錯覚

皮膚感覚の錯覚もご紹介しましょう。

前腕部の手首あたりを2回と上腕部を1回、等しい時間的間隔で次々と刺激すると、手首から上腕にかけて皮膚の上を次々と、同じ空間的間隔で刺激されたように感じます（図2-5）。この現象は、小さなウサギが手首から上腕部にかけて駆け上がるように感じられるということで、発見者によって「**皮膚ウサギ錯覚**」というちょっと変わった名称がつけられました。この錯覚からは、触覚において時間的特性と空間的特性が混同されていることがわかります。

「**アリストテレスの錯覚**」という古くから知られた錯覚は、刺激の空間的位置関係に関するものです。人差し指と中指を交差して、棒などの細長いものを触ると、1つのものを触っているのに、2つの別のものを触っているように感じます。この錯覚の生じ方から、触覚における位置の知覚に、指の交差についての体性感覚的情報が反映されていないことがわかります。

上下の唇を左右にずらした状態で唇に垂直方向の触覚的刺激を与えると、実際に歪んでいるのは唇の方なのに、刺激の方が傾いているように感じます。この現象も代表的な触覚的錯覚です。唇の位置についての体性感覚が触覚的な位置の処理に反映されていないため、

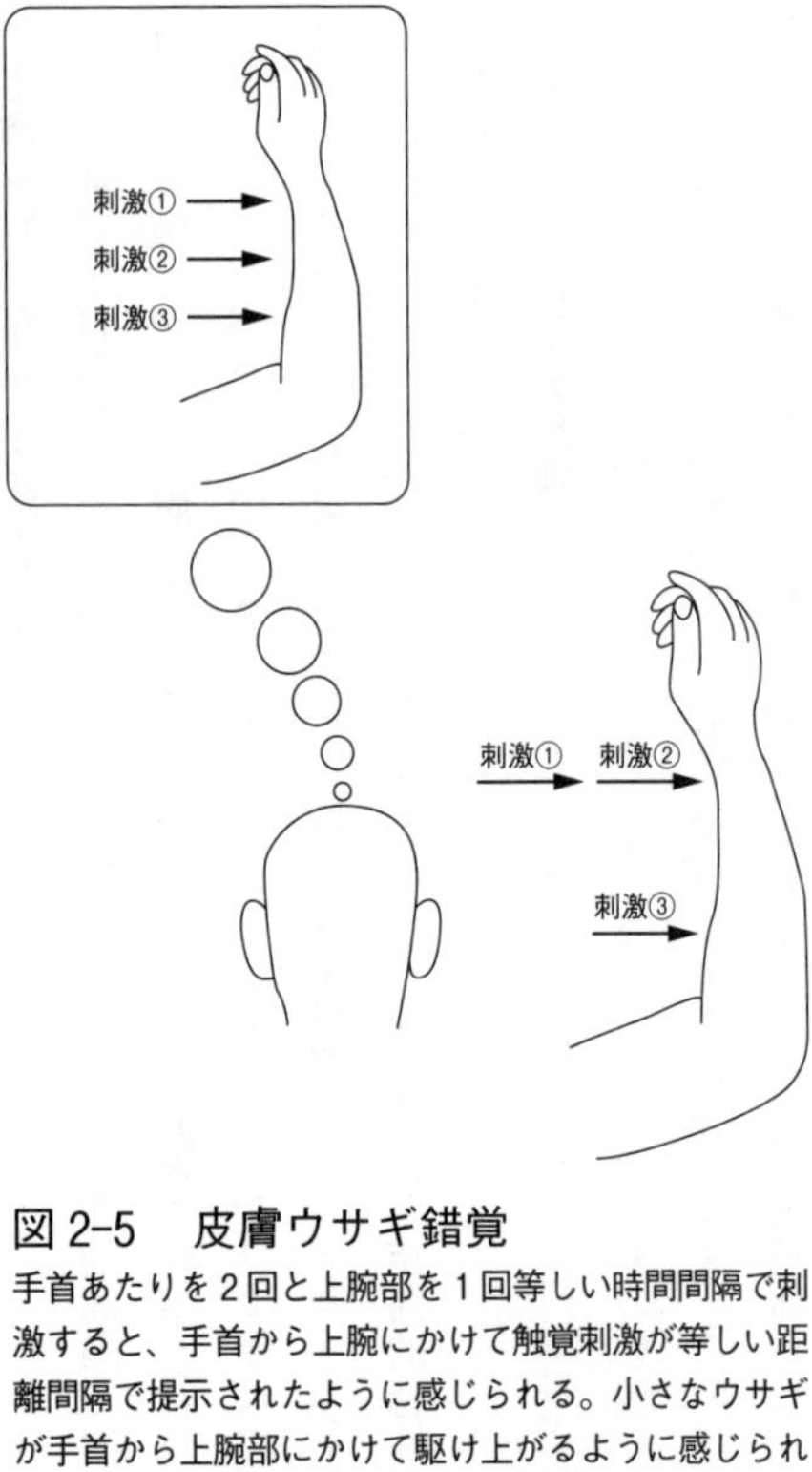

図 2-5　皮膚ウサギ錯覚

手首あたりを2回と上腕部を1回等しい時間間隔で刺激すると、手首から上腕にかけて触覚刺激が等しい距離間隔で提示されたように感じられる。小さなウサギが手首から上腕部にかけて駆け上がるように感じられるということで、このような名前がついている。

触覚による空間的位置が、ずれた身体部位の位置によって歪んでしまうわけです。

「**サーマル・グリル錯覚**」は、温覚についての錯覚です。熱いもの（40度程度）と冷たいもの（20度程度）を近くに並べて同時に触ると、やけどするほど熱く感じられるというものです。熱い部分か冷たい部分だけを触った場合は、そのようには感じません。この現象から温感は、絶対的な温度だけでなく、刺激のパターンにもとづいて処理されていることが推察されます。

†皮膚の感覚と気分、態度

皮膚感覚における錯覚からは、皮膚の知覚過程が完全には分化しておらず、さまざまな刺激の特性と混同して処理されていることがわかります。たとえば、表面の素材は同じでも温度が異なる2つの物体があった場合、冷たい表面の方が温かいものより滑らかに感じる傾向があります。この現象から、温度感覚が触覚的なテクスチャーの知覚に影響を及ぼすことがわかります。

なお、触覚的に与えられた情報は、私たちが対象に対して持つ印象や、自分自身の気分についての判断（感性的判断）に影響することが知られています。

たとえば、温かいものに触っていると、リラックスした気分になり、また、顔写真などを観察して、その人の人物評価を行う際、温かいものに触りながら判断した場合には、その人を温かい人物として評価しやすくなる傾向があります。他方、冷たいものを触ると、孤独を感じやすくなることが知られています。

また、固いものに触れると、判断における頑固さが増すことや、さらには、価値を判断する際、重いものを持ちながら判断した場合には、何も持たずに判断した場合よりも、対象を重要なものとして評価しやすいという傾向があることが報告されています。

また、温度の感覚は、人に対する態度さえ変えてしまう可能性が指摘されています。ストーレイとワークマンは、第七章でも紹介するような「**反復のある囚人のジレンマゲーム**」を使って、他者への協調性が、温かいものに触れることで促進され、冷たいものに触れることで抑制されることを示しました。温かいものを持った条件と、冷たいものを持った条件では、冷えた手のグループに比べ、温かいものを持った参加者グループのほうが、より顕著かつ積極的に他者と協力し合う姿勢がみられたのです。

このように、感性的判断や他者との協調性に触覚的情報が影響を及ぼすという現象は、物理的な特性と知覚された特性との間に乖離があるという意味での錯覚ではありません。

しかし、こうした特性は、対象や自分の状態に対する判断や、他者に対する対応に関する判断が、判断対象とは無関連の刺激によって特定の方向へと変動し、そのことを当の本人が知らないということを意味しています。自らの判断を決定した本当の要因に気づかないという点では、一種の錯覚とみなすことができるでしょう。

†味覚の錯覚

日常的な場面では、プリンやアボカドに醤油をかけると、それぞれウニやトロの味になると言われています。食材の組み合わせでウニやトロの味に感じてしまうのは味覚的錯覚と言えるでしょう。

私たちの味覚は、口中にある数種類のセンサーが口中の物質の化学的特性を神経信号に変換することにもとづいています。具体的には、主に舌の表面の味蕾《みらい》にある数種類の味細胞（甘味細胞、苦味細胞、うま味細胞、酸味細胞、塩味細胞）の活動の組み合わせによって、知覚される味が決定されます。こうした味覚の特性は、有限な種類のセンサーの興奮の組み合わせが知覚を決定するという点では、3種類のセンサーの興奮にもとづく色覚の特性と類似しています。

ただし色覚で生じる知覚は、複数のセンサーが活性化した混色の結果として単一の色彩になりますが、味覚の場合、複数の味が感じられることがあります。

3色型の色覚を持つ大抵の人にそれぞれ赤と緑に見える2色の色光を同時に提示した場合、黄色の色光に見えることになります。混色の結果として見えた黄色の色光に赤や緑の色を感じることはありません。それに対し、単独ではそれぞれ甘く感じる食材と塩辛く感じる食材を混ぜ合わせて味わった場合、甘辛さを感じることでしょう。食材の組み合わせ方によって、甘酸っぱさや甘苦さなどの味を感じることもあります。

味覚のように複数のセンサーが活性化して知覚される内容を、複数の成分に分けることができるか、色覚における混色のように分けられないかは、知覚様相によって異なります。知覚様相感の違いは、それぞれの知覚様相に独自の処理方略があることを意味しています。色覚における混色と同様、味覚も、実際に物理的特性は異なっていても、それに対する神経信号の特定のパターンが同じであれば、知覚的にはほぼ同じ特性を持つものとして処理するようです。

たとえば、甘味を感じる物質には砂糖以外にもさまざまな天然成分（キシリトールやトレハロースなど）、もしくは人工成分（アステルパームやスクラロースなど）の甘味料があります。こうした甘味料は、味細胞のうち、甘味細胞にある2種類の甘味受容体に結合して活性化させることで「甘い」という味覚を生じるものと考えられます。

栄養価が低い甘味料は、ダイエットの目的から、砂糖の代替物として料理に使われることがあります。ただし、そうした甘味料の多くは、砂糖とは微妙に甘味の質が異なります。甘味の違いは、甘味料によって甘味受容体の異なる部位に結合するために、甘味受容体の活性化の仕方が異なることで生じるものと考えられています。したがって甘味受容体の活性化のパターンが砂糖に近ければ、人工甘味料であっても、砂糖と同じ甘さを感じることになると期待されます。

化学的なセンサーを用いた研究では、食材の食べ合わせによる味の変容は、人間の味覚が数種類のセンサーにもとづいて成立するという考えと一致することが示唆されています。先述のプリンに醤油をかけるとウニ、アボカドに醤油をかけるとトロの味になるという、味覚における錯覚についての理解が進むと、より安価な食材の組み合わせで高級な食材の味を実現できるかもしれません。

ただし、実際の味覚には、口中の物質の化学的特性だけではなく、歯ごたえやテクスチャーなど、口中の体性感覚的な情報も影響を及ぼします。ある高級食材と同じような味覚をもっと安価な食材の組み合わせで成立させるためには、こうした体性感覚的な要因も考慮する必要があるでしょう。これまでのところ、そうした体性感覚と味覚との間の関係についてはまだあまり理解が進んでいません。

†嗅覚における錯覚

他の哺乳動物に比べると嗅覚が退化した人間でも、1万種類ほどの匂い物質を識別できると言われています。嗅覚は、鼻腔内の4つのゾーンの嗅上皮《きゅうじょうひ》にある数種類のセンサー（嗅覚受容体）が、空気中に含まれる揮発性の低分子有機化合物（匂い物質）と結合して活性化することで、匂い物質の化学的特性を神経信号に変換します。

人間の嗅覚受容体は何種類あるのかまだ確定されてはいませんが、ゲノム解析の結果、350種類程度と考えられています。この受容体に匂い物質が結合すると、その受容体が活性化されます。それぞれの嗅覚受容体は特定の分子構造を持つ匂い物質としか結合しませんが、それぞれの受容体に複数の適合可能な匂い物質があります。

意外かもしれませんが、特定の、同じ嗅覚受容体を活性化する物質でも、必ずしも同じような香りがするわけではありません。むしろ、そうした物質はまったく異なる香りがするものであることが多いのです。

また、多くの匂い物質は、1つの嗅覚受容体としか結合できないのではなく、複数の受容体と結合可能です。つまりは、多くの匂い物質は、単独で、複数の嗅覚受容体を活性化させます。個々の嗅覚受容体は、一対一の関係で匂いを識別するわけではないのです。むしろ、それぞれの匂い物質による複数の嗅覚受容体の活性化の組み合わせのパターンが、その匂い物質をどのように知覚するかを決定すると考えられています。

有限な種類のセンサーの興奮の組み合わせが知覚を決定するという点で、嗅覚の基礎にあるこうした特性は、色覚や嗅覚と共通点があります。実際の物理的特性は異なっていても、神経信号の特定のパターンが同じであれば、知覚的にはほぼ同じ特性を持つものとして処理するものと考えられます。化学的な特性がまったく異なる物質であっても、センサーの反応パターンが同様であれば、区別がつかないことになるわけです。この特性にもとづいて、さまざまな香料が開発されてきています。

たとえば、ケーキなどに使われるバニラの香りのする香料があります。元々は天然のバニラ・ビーンズから抽出した香料が使われていました。しかし、天然のバニラ・ビーンズは高価なので、現在は、人工的に合成された安価な香料が使われることが多く、合成されたバニラ香料の需要は天然のバニラ・ビーンズのそれを大きく上回っています。

天然のバニラ香料は数百種類の化合物からなる混合物なので、人工的に作られたバニリンやリグニンなどのバニラ香料とは、活性化する嗅覚受容体の組み合わせのパターンが若干異なると思われます。ところが、人工的に作られたバニリンやリグニンの方が豊かなバニラの香りを感じやすいと言われています。

嗅覚は行動にも影響を与えることが知られています。たとえば、清潔感のある香りは、掃除に関係した語や音への気づきを促進します。そればかりか、たとえ、その香りに気づかなくても、自分の身の回りを清潔に保つ行動を促進する効果があることが報告されています。このような嗅覚が行動に及ぼす効果は、まだそれほど知られていませんが、香料の使い方によって、無意識のうちに、人の行動をコントロールする可能性があるということは、とても興味深いことです。

人間は、聴覚より視覚優位?

ここまでは、それぞれの知覚様相の成立の基礎と、それぞれの知覚様相別の錯覚を見てきました。これらの知覚様相は、ある程度それぞれ単独で成立しますが、相互に強く影響し合うことが知られています。

この様相間の相互作用においては、優位な様相の情報が知覚を決定したり、複数の様相からの情報が平均化されたり、さまざまな統合様式があります。以下では、そうした様相間の交互作用にもとづく錯覚を紹介し、それらの錯覚が示す知覚系の情報処理方略について解説します。

様相間の相互作用に関しては、視聴覚に関連した現象が特に多く知られています。その中には視覚刺激が引き起す聴覚的錯覚も含まれています。その代表的なものに「**腹話術効果**」や「**視覚捕捉**」と呼ばれる錯覚現象があります。

たとえばスピーカーなどの音源と光点などの視覚刺激を提示した場合、視覚刺激と聴覚刺激の位置が極端に違っていなければ、光点の位置から音が出たように知覚されたり、音源位置が視覚刺激の方向に偏って知覚されたりするというものです。つまり、聴覚にもとづく位置についての判断は視覚によって影響を受けやすいのです。

同様の例としては、ニュース原稿を読み上げるアナウンサーが映し出されているディスプレイの隣に、スピーカーが設置されていたとしても、映像のアナウンサーのあたりから声が聞こえてくるように感じられることが挙げられます。この錯覚現象からも、音源位置の知覚では、視覚が聴覚に対する優位性を持つことが示されています。

もともと聴覚は音源の位置特定が得意ではありません。位置についてより精度の高い情報を得ることができる視覚様相が利用できる場合には、知覚系は視覚情報を重視して音源位置を決定するという方略を取るために、このような錯覚が生じると考えられます。

†見ることで違って聴こえる「マガーク効果」

音声の特定に関しても視聴覚の交互作用にもとづく錯覚があります。聴覚刺激では「バ(ba)」や「パ(pa)」の音を提示し、視覚刺激としては「ガ(ga)」や「カ(ka)」と発音している顔の動画像を提示すると、「ダ(da)」や「タ(ta)」の音として聞こえやすいことが知られています。この現象は、発見者の名前から「**マガーク効果**」と呼ばれていて、音声の知覚が視覚的情報によって変わることを示しています。

欧米人に比べると、日本人はマガーク効果が生じにくいことが指摘されています。日本人は特に会話の際、英語圏の話者より、相手の目に注意が向きやすいのです。他方、英語を含む多くの言語圏の話者は、口元を見ながらしゃべる傾向が強いため、マガーク効果が生じやすいようです。

実際、脳波などのさまざまな生理的指標を測定してチェックしたところ、英語圏の話者は、音が始まるほんの一瞬（数百ミリ秒）前から動いている口の視覚的情報によって音の候補を絞り、聴覚的処理の負荷を低くしているようです。それに対して、日本語の話者の場合、視覚情報があると、聴覚情報の処理を助けることにならず、むしろ余分な処理の負荷がかかってしまうようなのです。

このような文化による知覚の違いの基礎には、コミュニケーションにおける視線の重要性の違いのほか、日本語における子音の数が他の言語と比べて少ないことがあるものと考えられています。日本語では、子音の数が少ないので、音声を発音する口元を見なくても子音の聞き分けができます。それに対し、子音が多い言語圏では、会話の際、相手の口元を見ないと、音だけで聞き分けるのが比較的困難なのです。

こうした言語の音声学的特性と、コミュニケーションにおける視線の重要性のような文化的特性とは、相互に影響し合いながら発展してきたのかもしれません。

†暗いほど、小さいほど重い

視覚は、筋運動感覚的な重さの知覚に強く影響することも知られています。

表面の色彩が暗い物体ほど重く見える傾向があります。また、物体を実際に持ち上げた場合でも、物理的には同じ重さであっても、見た目が暗い物体の方が明るいものよりも重く感じられます。さらに、さまざまな色彩で塗られた箱をいくつも持ち運びする実験では、明るい色の箱よりも暗い色の箱の方が、持ち運び作業後の疲労度が顕著に強くなることが指摘されています。

見た目の体積も重さの感覚に影響を及ぼします。同じ程度の重さであれば、見た目の体積が小さなものほど重く感じる傾向があるのです。たとえば、ジュースのいっぱい入った缶と空の缶を縦方向に2つ重ねると、見た目の体積が大きくなります。その状態で持ち上げた場合と、ジュースのいっぱい入った缶を1つだけ持ち上げた場合とを比べると、後者の方が重く感じられるのです。

どうしてこうした錯覚が生じるのかはまだ解明されていません。ただし、これらの錯覚は、重さの知覚が、物体を持ち上げた際の筋運動などによる感覚神経への刺激だけで決定されるわけではないことを示しています。ものを持ち上げた際に生じる重さの知覚は、実際の重さとは直接的には関係のない、明るさや大きさのような視覚情報も取り入れて決定される、多感覚的処理の結果として成立するのです。

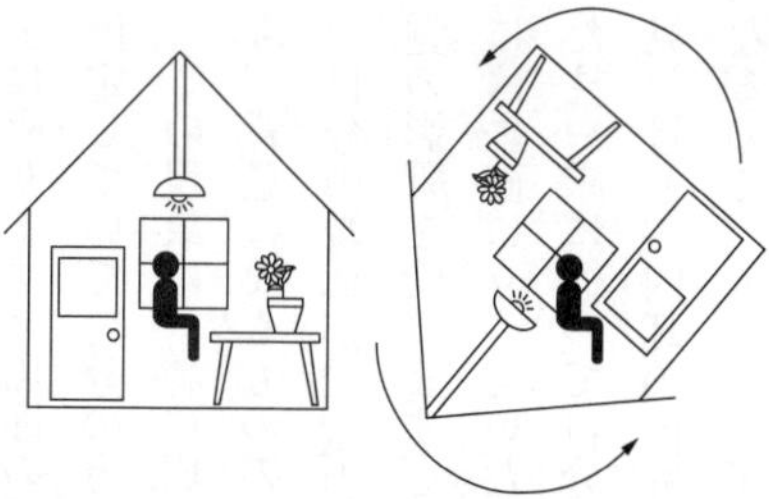

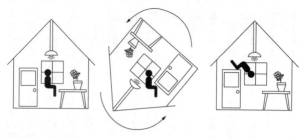

図 2-6　ビックリハウス

観察者は中央のブランコ式の椅子に座る（左）。部屋が回転すると（中央）、観察者は自分の方が部屋の中で回転しているように錯覚する（右）。

†身体運動感覚への視覚の影響

身体の移動についての知覚も、視覚によって影響を受けます。たとえば、広い視野にわたって数多くのドットを全体で動かすと、ドットの運動とは逆方向に身体が移動しているような身体運動感覚が誘発されます。こうした知覚は「**ベクション**（vection）」と呼ばれています。

視覚刺激が右から左や下から上のように一方向的に移動する場合は、身体が左右や上下に移動するように感じ、拡大・縮小する刺激を観察すると、身体が前進・後退するように感じられやすいのです。

この現象を利用したビックリハウス（図2-6）という遊園地のアトラクションがあります。利用者は部屋の真ん中にぶら下がったブランコのような椅子に座ります。周囲の部屋全体が回転すると、回転しているのは部屋であるのに、部屋は固定していて自分の方が回転しているような錯覚が生じることになります。

この現象は、特に周辺視野での運動の影響を受けやすく、また、手前に見えるものよりも、背景になるものの動きによって生じやすいという報告もあります。

自分の身体が、重力方向に沿っているのか（垂直に立っているのか）どうかの判断も視覚の影響を受けます。たとえば、地震や水害などで傾いてしまった家の中にいると、実際には垂直に立っていたとしても、自分の体が傾いて感じられやすいのです。これは、傾いた柱や床に従って自分の身体の方向を判断してしまうためです。このような空間にいると、見た目と、内耳の前庭系（半規管）や筋運動的に得られる水平、垂直方向がずれることになるので、人によっては自律神経失調が生じて、運動酔いのように、めまいや頭痛を感じるようになることもあります（「乗り物酔い」も運動酔いの一種です）。

視覚の情報が身体の運動や姿勢の知覚に強い影響を及ぼす問題は、無重力空間でも起こり得ます。地上では重力方向によって、誰もが同じように上下の方向性を判断することができます。ところが、大気圏外にいる宇宙飛行士はそういうわけにはいきません。宇宙ステーションのような、惑星などの重力の影響を受けにくい、宇宙空間内で浮遊した生活環境では、地上と比べると重力が極度に弱い、いわゆる「無重力」状態になります。そのため、重力が垂直や水平といった環境の方向性の判断基準になりません。人がすれ違うときなど、重力による一義的な上下方向の決定がないため、宇宙ステーションの部屋の中では人が上下逆さまですれ違うこともあり得ます。

こうした視覚環境は、地上での安定した視覚空間の構造に慣れた我々の空間知覚を混乱させることになります。その結果、傾いた部屋の中で過ごす時と同じように、自律神経失調によって頭痛や吐き気などを引き起こすことがあります。多かれ少なかれ、地上での作業と比較して、作業効率が落ちることになり得ます。

空間知覚の混乱を軽減するには、視覚的枠組みにより上下の方向性を与えることで安定した視覚世界を成立させることが有効のようです。つまり、重力に関係なく、部屋に床や天井、壁など、視空間に一義的な上下方向についての枠組みを与えることで、知覚の混乱を生じにくくすることが試みられています。

また、身体の位置に関する体性感覚に関係した錯視に、身体以外の物を自分の身体と感じるようになる「**ラバーハンド錯視**」があります。図2-7のように、視野内にない自分の手と、目の前にあるゴムの手とが同期して刺激されると、ゴムの手への刺激が自分の手に

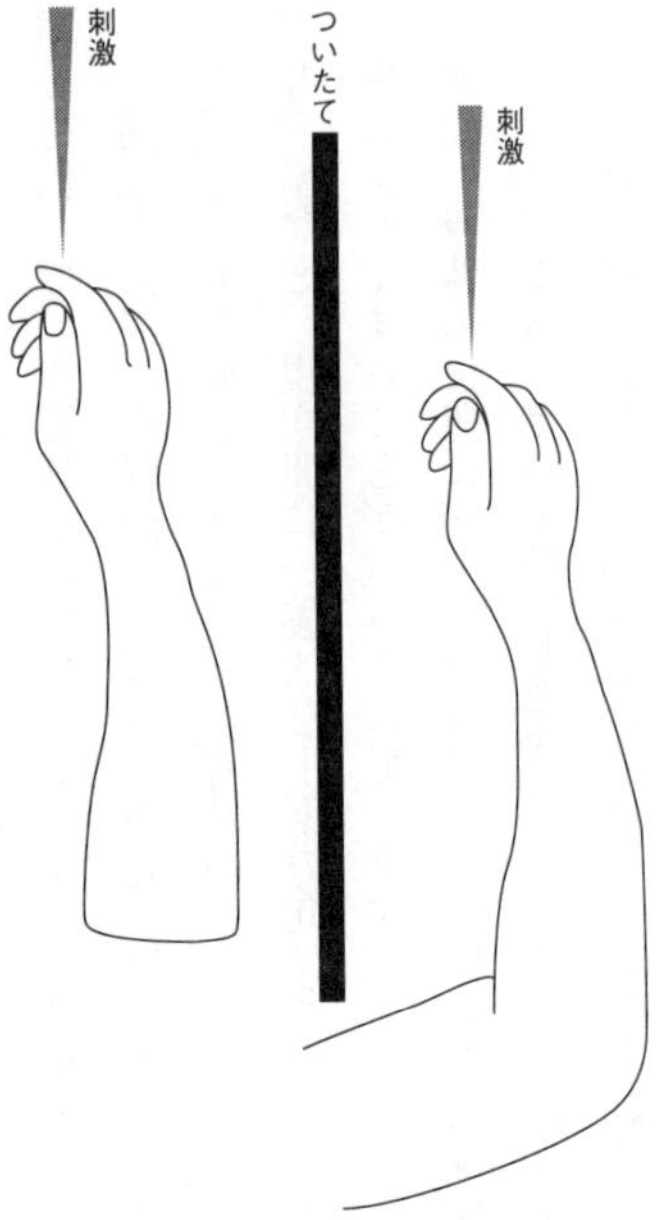

図 2-7　ラバーハンド錯視
ついたてで遮られて見えないところにある自分の手（右）と、目の前にあるゴムの手（左）が同期して刺激されると、ゴムの手が自分の手であるように感じられることがある。

対する刺激のように感じられ、やがてはゴムの手が自分の手であるように感じられるようになるのです。

この現象は、体性感覚における身体的同一性に視覚的な情報が重要な役割を果たしていることを示唆しています。

†視覚と、味覚、嗅覚、温覚

視覚は、味覚や嗅覚、触覚にも影響を及ぼします。たとえば、食事の際、照明が暗すぎるとおいしく感じられにくくなることが知られています。また、青色の食材はおいしく感じられにくくなります。

こうした状況下では、食事の量が減ることになります。つまり無意識の視覚情報でも食欲にも影響を与えるのです。そのため、照明を極端に暗くしたり、アイマスクやサングラスをかけたり、青色の色素を用いることで、通常の環境よりも摂取カロリーを減らすことができるので、それを利用したダイエット法が提案されています。

視覚が味覚に影響を及ぼす例として、たとえば、コーヒーは、白いコップに入った場合の方が、青や透明のコップに入った場合よりも、苦味を強く感じるというものがあります。イチゴムースは、黒い皿に置かれた場合よりも白い皿に置かれた方が、甘味を強く感じます。こうした容器の色が味覚に及ぼす効果は、コップの色と飲料の色とのコントラストによって、コップの中の飲料の色が映えることで生じるものと考えられています。つまり、白のコップや皿は、飲料や食材の色を映えさせるので、コーヒーに特徴的な味である苦味や、イチゴムースの主要な味である甘味が強められやすいと考えられています。

容器の色からイメージされる味が、飲料の味に影響を及ぼすことも知られています。たとえば茶色はチョコレートやコーヒーをイメージさせるので、茶色のコップに入ったチョコレート飲料やコーヒーの味は強められます。

嗅覚が視覚によって大きく影響を受けるのはどういう状況でしょう。たとえば、香水の香りの感じ方は、容器となる瓶の色や形状によって大きく変動します。

女性用の香水でも、男性用香水の瓶に入れた状態で使用すると、男性向けの香りに感じられやすくなります。逆に、男性用の香水を、女性用香水の瓶に入れると、女性用に感じられやすくなるのです。こうした結果から、嗅覚情報の分類的判断に、視覚的情報が強く影響していることがわかります。

色彩は温覚に影響します。赤や黄色など長波長の色光は「暖色」と呼ばれ、暖かな印象を引き起します。他方、青色や緑色などの短波長よりの色光は「寒色」と呼ばれ、冷ややかな印象を引き起します。ただし、暖色や寒色が、気温や物体の温度についての温覚にまで影響を及ぼすかについては、研究によって結果に違いが見られています。実際に皮膚感覚として感じる温度に照明や物体の色が及ぼす影響については、まだ一貫した傾向は見つかっていません。

もしかしたら、暖色、寒色などの色彩と温覚との関係性は、知覚的な効果というよりも、色彩の記号的な意味によって成立するのかもしれませんし、安定した色彩の影響が成立するには、他の要因や条件が必要なのかもしれません。

†聴覚の視覚に対する優位性

視覚の強い影響力について見てきました。視覚は、他の知覚様相に影響を及ぼすことによってさまざまな錯覚を生じます。ただし、反対もあります。視覚も他の知覚様相の影響を受け、見える内容に錯覚が生じることがあるのです。まずは、聴覚が視覚に影響を及ぼす現象について紹介しましょう。

「ダブルフラッシュ錯視」と呼ばれる錯覚があります。短い時間間隔で同じ位置に複数の光点のような視覚刺激を繰り返す「視覚的フラッシュ」と並行して、クリック音のような短くはっきりした聴覚刺激を提示すると、見える光点の数が、聴覚刺激の回数によって変動することが知られています。

視覚刺激を2回提示するのと並行して、短くはっきりした音刺激を3回提示したとします（図2-8左）。すると光点が実際よりも1回多い3回提示されたように見えやすいのです。回数を逆にして、視覚刺激3回に、聴覚刺激2回にした場合には、光点は2回しか提

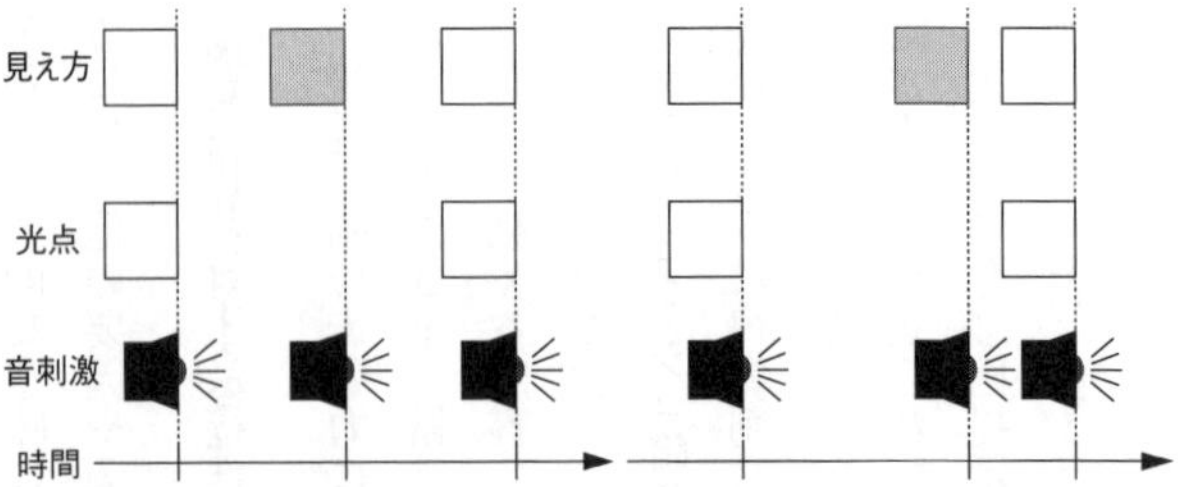

図 2-8　聴覚刺激によって引き起こされるダブルフラッシュ錯視

光点を同じ位置に2回提示しながら音刺激を3回提示すると、光点が3回提示されたように見える（左）。灰色の正方形は、錯視によって生じた2つ目の光点（実際には提示されていない）を示す。
光点を異なる位置に2回提示しながら音刺激を時間的に等間隔で3回提示すると、2つの光点の中央の位置にも錯視による光点が見え、光点が間隔の等しい3点を移動したように見える（左）。2つ目の音刺激を3つ目の音刺激と近いタイミングで提示すると、錯視で見える2つ目の光点が3つ目の光点に近い位置に見える（右）。

示されていないように見えやすくなります。つまり、聴覚刺激の数が視覚刺激の数より少ない時には、見える視覚刺激の数も実際よりも少なくなりやすいのです。

ダブルフラッシュ錯視は、聴覚によって視覚が影響を受ける代表的な現象です。この錯視はとても強力な錯覚で、実際に提示される視覚刺激の回数を知っていても生じるほどです。脳波を測定すると、大脳皮質視覚野において、実際に視覚刺激を提示した場合と同様の「視覚誘発電位」と呼ばれる電位変化が音の刺激によって生じることが知られています。

このことからは、聴覚刺激によって実際には提示されていない光点が見えてしまうのは、認知や思い込みにもとづく判断ミスではなく、視覚の処理過程が、聴覚刺激によって、視覚刺激と似た処理を行ってしまうことで生じる現象であることがわかります。

†聴覚が動きの見え方を変える

聴覚刺激は運動の見え方にも強く影響します。たとえば、2つの光点の視覚刺激を、少しずつ位置を変えて連続的に提示する際に、聴覚刺激を3回提示します。この場合、ダブルフラッシュ錯視によって、光点が次々と3点を移動したような運動の知覚が生じます(図2-8左)。

この際、興味深いことに、実際には提示されていない2点めの光点の見える位置は、聴覚刺激を提示するタイミングと合っていることです(図2-8右)。

3つの聴覚刺激が等間隔で(2つめの聴覚刺激が、1つめと3つめのちょうど中間のタイミングで)提示された場合には、2点めの光点は最初と最後の光点の真ん中に見えることになります。ところが、2つめの聴覚刺激のタイミングが1つめに近ければ、2点めの光点

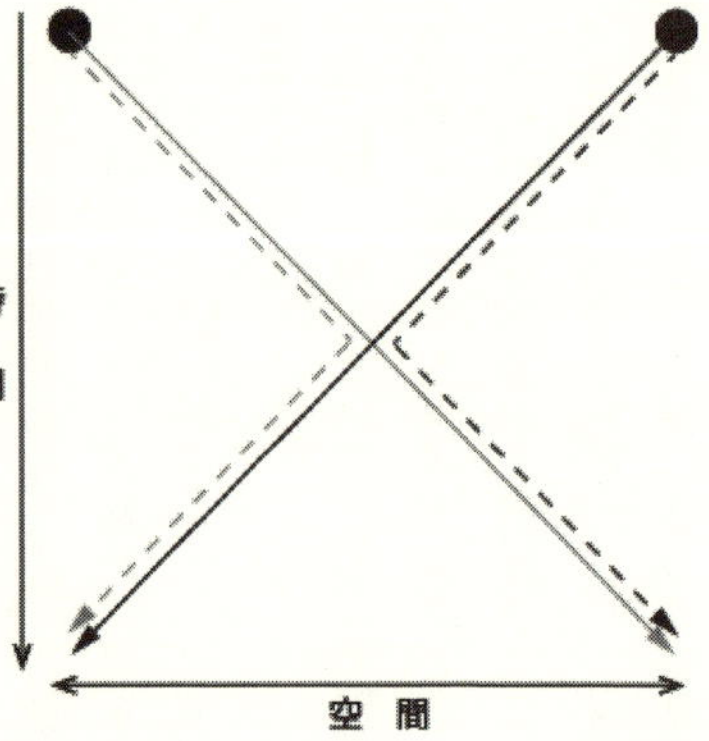

図2-9　ストリーム・バウンス課題

交差する軌道上を直進し一瞬重なり合う2つの物体の軌道を答える課題。

も1点めに近い位置に見えます。反対に、2つめの聴覚刺激のタイミングが3つめ近くで提示されると、2点めの光点も3点めに近い位置に見えるという具合に、音に合わせて2点めの光点の位置が影響されるのです。

また、一直線上に配置した光点の視覚刺激を端から端へと連続して提示する際に、視覚刺激より多く聴覚刺激を提示した場合は、光点は実際に視覚刺激が提示された範囲より長い距離を運動したように見えます。逆に、視覚刺激より聴覚刺激が少ない場合には、光点は実際より短い距離しか運動していないように見えるのです。さらに、一直線上に配置した視覚刺激を時間的に等間隔に次々と提示する場合に、聴覚刺激間の時間間隔を変化させた場合、光点が加速度を持って動いて見えます。聴覚刺激の感覚が短いほど次第に速くなっているように見え、長いほど遅くなっているように見えるという具合です。

2つの物体が交差する軌道上を直進し、一瞬だけ重なり合うという運動の観察では、ふた通りの見え方があります。1つめは、2つの物体が一貫して直線の軌道上を移動するというものです。2つめは、2つが重なった瞬間に衝突してそれぞれ軌道が変わるというものです。ふつうは1つめの、直進する見え方が生じやすいのですが、2つの物体が重なる瞬間に短い聴覚刺激を提示すると、2つの物体がぶつかって軌道が変わるような見え方が生じやすくなります（図2-9）。この画像観察課題は「**ストリーム・バウンス課題**」と呼ばれ、視覚的な事象の知覚に聴覚刺激が影響を及ぼすことを示しています。

†視覚と聴覚の間の密接なつながり

以前は、視覚と聴覚の情報の脳における処理はそれぞれ独立していると考えられてきました。確かに、解剖学的には、網膜からの視神経は後頭部の視覚皮質第一野につながり、内耳からの聴神経は側頭部の聴覚皮質第一野につながり、それらの領域はお互いに離れた位置にあります（図2-10）。解剖学的な特性を見れば、異なる脳の領域で行われている視覚と聴覚の処理が相互に独立していると考えるのはもっともなことでしょう。しかし、これまでに紹介したように、視覚と聴覚の間にさまざまな交互作用があります。

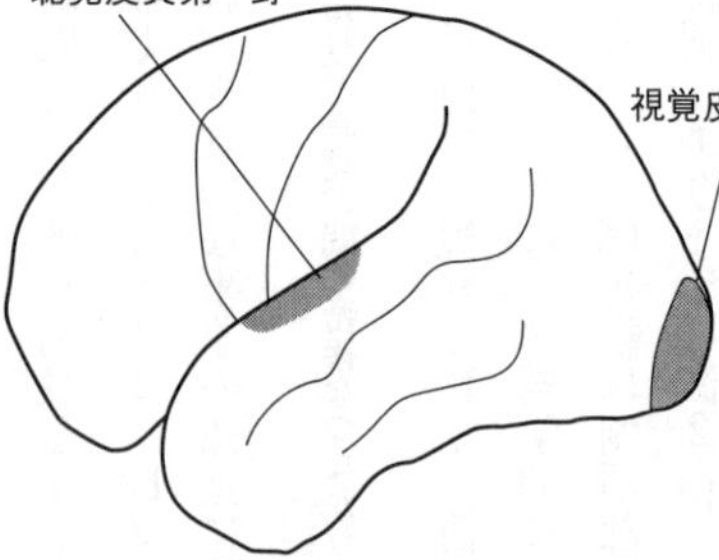

図2-10　視覚皮質第一野と聴覚皮質第一野（左半球を示す）

視覚情報によって音についての知覚の内容が変わることがあるだけではなく、逆に、聴覚情報によって画像や光についての知覚の内容が変わることもあります。実際、視覚皮質における多くの神経が、視覚刺激だけではなく聴覚刺激によって活動すること、逆に、聴覚皮質における多くの細胞が聴覚刺激だけではなく視覚刺激によって活動することが知られてきました。さらに、近年になって、霊長類の視覚野と聴覚野との間に直接的な連絡があることも解剖学的に見出されているのです。

「視覚野」と「聴覚野」という呼び名は、それぞれの知覚様相の感覚器から最初に情報が伝えられるという意味では妥当でしょう。しかし、それぞれの知覚様相の処理のみ行っているという考え方は不適切だと思われます。

まだ研究はあまり進んでいませんが、視覚や聴覚と他の知覚様相との間にも、視聴覚間のような密接な関係が見出されるかもしれません。もし知覚様相間で密接な関係が存在しているのなら、今後もその相互作用にもとづくさまざまな錯覚が見出されるでしょう。またその場合、知覚様相間の相互作用の発見が、生理学的結合についてのヒントを示すことになるでしょう。

第三章 身体と感情——錯覚は知覚や心理にどう影響するか

†身体運動が視覚に影響する

身体の能動的な運動は視覚に影響を及ぼします。また、身体の運動は、その知覚を介して、さまざまな心的状態に影響を与えます。そうした、身体運動や身体の状態に関する知覚や認知にもとづく錯誤現象を紹介しましょう。

「フラッシュラグ効果」と呼ばれる錯視があります。これは、動いている対象の位置が進行方向側にずれて見えるという現象です（図3-1）。この錯視は、たとえばコンピューターマウスの動きによって生じている場合のように、運動刺激を自分でコントロールできる

図3-1　フラッシュラグ効果

運動している刺激のそばに瞬間的に刺激を提示（フラッシュ）すると、実際には整列した位置関係（黒実線）であっても、運動刺激がやや行き過ぎた位置にあるとき（灰破線）にフラッシュが提示されたように見える。

と減少します。さらに、実際にはその刺激が自動的に運動している場合であっても、観察者が刺激を自分自身で動かしていると思い込むと、やはり錯視が減少するのです。

この現象は、自分で動かしていると思い込むことで、視覚的な時間精度が上昇することを示していますが、それはコンピューターマウスのように使い慣れた道具を用いた場合だけしか生じません。つまり、その道具を日常的に使用しているということが学習されて、能動的操作による知覚の精度が上昇するわけです。

立方体のスケルトン図形を観察していると、時々奥行が反転するように見えることがあります。「**ネッカー・キューブ**」と呼ばれる**反転図形**です（図3-2）。しかしこの反転図形は、実際の立方体を能動的に手で触りながら観察すると、奥行反転は生じにくくなることが知られています。このことは、触覚情報が奥行き構造の視覚処理に影響を及ぼすためです。

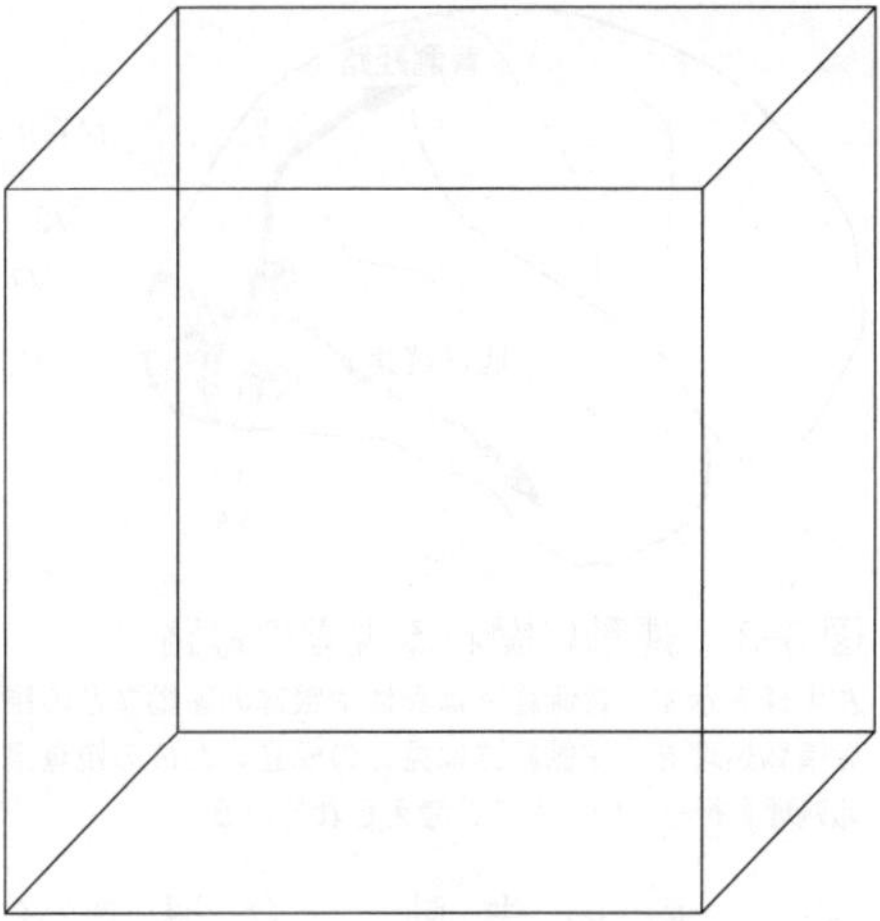

図 3-2　ネッカー・キューブ
しばらく観察していると、見かけの奥行方向が反転する。

また、一方向に運動する刺激を数十秒程度見続けた後で、その刺激運動を止めると、それまで見ていた運動方向とは逆方向の運動がしばらくは見えることが知られています。第一章でも触れましたが、この現象は「**運動残効**」と呼ばれる一種の錯視です。

この運動残効は、観察者自身が運動刺激を能動的に手で動かした場合には、より長く持続することが知られています。たとえば、ディスプレ

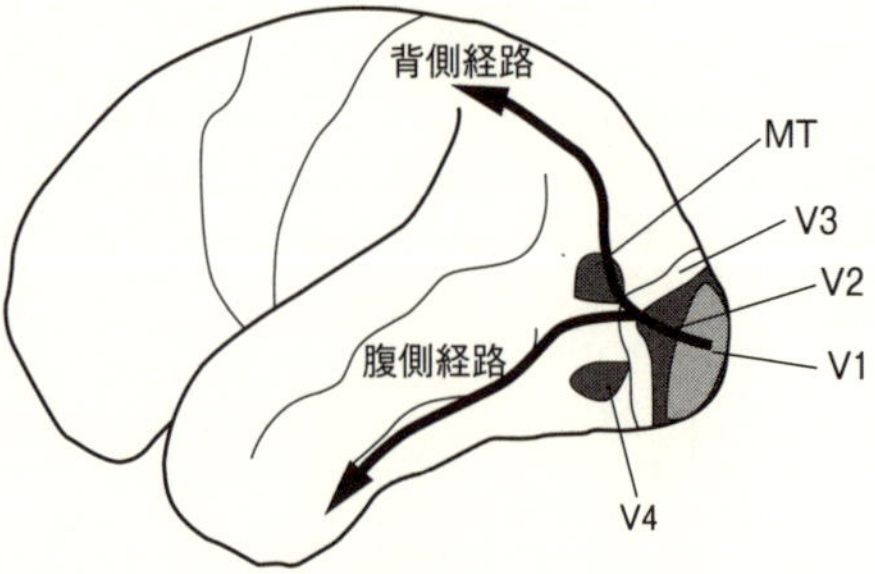

図3-3　運動に関わる視覚の経路

左半球を示す。背側経路は身体や眼球の運動などの視覚情報処理を、腹側経路は見えの成立のための視覚情報処理を行っているものと考えられている。

イ上に提示した円盤状の刺激が、観察者の手の動きに合わせて回転するのを数分間観察した場合の運動残効は、自動的に回転する刺激を観察した場合よりも長い間持続するのです。

運動残効の持続時間のこのような伸張は、手の動きと逆方向に回転する円盤を観察した場合には生じません。つまり、視覚的な動きと能動的な手の動きとの間の方向的同一性が合って初めて、手の動きの情報が運動残効を長く持続させるのです。

能動的な手の動きは、動きの処理にかかわる主要な視覚皮質領域であるMT野（図3-3）やその周辺の活動を活性化させます。これらの現象は、手の運動感覚が視覚的な運動の処理に寄与していることを示しています。こうした結果からは、運動についての視覚表象が、視覚だけではなく、身体動作に関する筋運動感覚などの知覚様相からの情報も利用することで形成されていることがうかがわれます。

筋運動感覚的な重さの知覚が、視覚に影響を及ぼすことも知られています。たとえば坂道の傾斜を判断する場合、何も持たなかったり、軽い荷物だけを持った状態よりも、重い荷物を持っている状態のほうが、坂道の傾斜は急峻に見えます。

すでに紹介したように、視覚は筋運動感覚や身体の状態についての知覚にさまざまな影響を与えます。他方、この項で見てきたように、視覚も体性感覚からさまざまな影響を受けます。視覚と筋運動感覚的な重さの知覚は、それぞれ単独で知覚内容を決定するのではなく、相互に影響を及ぼし合っているのです。

†身体運動にかかわる視覚情報処理

視覚皮質における視覚情報の処理経路には、解剖学的に、後頭葉から下側頭皮質にいたる経路と、後頭葉から後頭頂皮質にいたる経路との2つの流れがあります（図3-3）。それぞれ「**腹側経路**」と「**背側経路**」と呼ばれます。

一酸化炭素中毒などにより腹側経路の皮質が障害を受けると、何を見ているかがわからないのに、手で摑めたり避けたりできることがあります。背側経路の皮質が障害を受けると、逆に、何を見ているかはわかるのに、手で摑んだり避けたりするのが困難になることがあります。こうした症例から、腹側経路は観察対象が何であるかの同定に必要な視覚情報処理にかかわっていること、背側経路は対象を摑んだり避けたりするような身体運動にかかわる視覚情報処理にかかわっていることがわかります。

錯視についての研究でも、対象の視覚的同定にかかわる視覚情報処理と、対象に対応する身体動作にかかわる視覚情報処理とが異なる特性を持つことが示されています。

たとえば、エビングハウス錯視（第一章図1-2）では、周囲の円の大きさとの対比と、その差の強調によって、中央の円の大きさが違って見えるという錯視が生じました。ところが、中央の円を、オセロゲームの石のようなものに置き換え、人差し指と親指とで「摘む」ときの指の間の間隔を測定すると、周囲の円の大きさが大きくても小さくても、錯視は認められませんでした。

同様の手法を使ってさまざまな錯視図形の錯視量を身体的動作によって調べたところ、錯視が生じないわけではありませんが、動作にかかわる視覚情報処理の特性は、視覚情報処理における錯覚の特性とは異なることが示されました。つまり、見ることのための視覚情報処理と、身体的動作のための視覚情報処理とでは、どうやら処理様式が異なっていて、同じ対象を観察していてもそれらの間には乖離があるようです。

多くの錯視が知られていますが、それらはほとんどすべて腹側経路における情報処理過程（見ること）の特性を中心に見出されてきたものです。背側経路における視覚情報処理過程（身体動作）は異なる特性を持つのかもしれません。後者の特性についてはまだ謎が多く、今後の研究による解明が待たれるところです。

†身体状態と情動

ここまでは、知覚様相間の交互作用による「外界の対象の状態」についての知覚における錯誤について紹介してきました。ここからは、「内的状態」についての錯誤について紹介しましょう。ここで内的状態というのは、身体の状態や、感情、印象にかかわる事柄を指します。

内的状態の知覚認知の対象は、主観的な事柄なので、「客観的な事柄からの乖離を錯覚と捉える」という本書の立場からすると、やや対象外かもしれません。内的状態は、自分自身で感じてしまえば、それが真と言えるからです。しかし、内的状態についても明らかに、ある方向に偏好させるいくつかの要因があり、そうした要因の効果は、おそらく実際の状態と主観的な体験との間にズレを生じさせていると思われます。

常識的には、感情が生起してから、それに対応した身体的反応が生じると考える人が多いことでしょう。たとえば、悲しいから泣く、怖いから震える、楽しいから笑う、などなど。ところが、感情と身体的状況との関係については、逆のパターンもあります。泣くから悲しい、震えるから怖い、笑っているから楽しいといったことです。

実際、感情の生起によって生じると考えられるさまざまな生理的反応、たとえば、心拍が早くなったり、発汗したりすることは、自分の情動の生起を経験するよりも早く生じることが知られています。ただし、身体の生理的反応だけで感情が生起するわけではなく、そうした生理的反応の原因をどのように帰属させるかによって、情動の種類や生起が決定されます（**情動二要因理論**）。つまり、自分自身の感情の内容は、外界や身体情報にもとづいてラベルづけされることで決定されるのです。

この感情の生起の理由が「誤帰属」されること（感情の原因を真の原因でないものに帰すること）で、自分自身の感情が誤って認知され得ます。こうした感情の特性に関してよく知られている現象に「**吊り橋効果**」があります。これは、カナダの心理学者のダットンとアロンが行った実験にもとづいて名付けられたものです。

彼らの実験では、18歳から35歳までの独身男性18名が、高さ70メートルの吊り橋を渡る際、途中で、若い女性にアンケートを求められました。その際に教えられた女性の電話番号に後日電話をかけたのは、半数の9名でした。他方、強固に作られ、揺れない橋を渡った16名については、まったく同じように女性がアンケートを求めたのに、後日、女性に電話をかけたのは2名のみだったのです。

この実験結果から、被験者の男性は、吊り橋を渡る恐怖感による生理的緊張を、魅力的な異性と対面したことによって生じた生理的興奮と間違えて認知したと考えられました。

†表情と感情

自分の顔の表情によって、自分自身の感情を「誤って」判断してしまうことがあります。感情と表情との関係に関しては、前項にも書きましたが、常識的には、楽しいから笑うし、悲しいから泣くと考える人が多いと思います。

こうした考え方の基礎には、内側にある感情状態が外側に現れるという見解があるのでしょう。表情は英語では expression ですが、この用語法も、内側の感情が外に向かって表現（express）されるという考え方を反映しているものと言えるでしょう。

しかし、心理学の研究では、古くから、こうした常識的な見方とは逆方向の感情と表情との関係があることが指摘されています。つまり、笑うから楽しい、泣くから悲しいということです。

さまざまな表情の写真を見せて、その顔真似をさせると、表情をつくるだけで、その表情に関係した感情を引き起こすことができます。こうした現象は「**表情フィードバック**」と呼ばれています。

写真を使って顔真似をさせる場合、その写真が表す感情に気づいたり、あるいは同調のような現象で感情が変動することがあるかもしれません。しかし、実は、実際に笑っていなくても、しかも当人に気づかれずに、笑っている時の顔の状態を作ることによって感情の状態を変えることができるのです。

簡単なところでは、口の形を変えることで感情の状態を変えることができます。たとえば、ドイツの心理学者ストラックらは、実験参加者にペンのような棒状のものを前歯で嚙ませました（図3-4）。こうすると、左右の口角が上がることになります。この口の状態は、笑顔の時の口の状態に近いのです。こうすると、実験者に楽しい感情が導かれました。

別の条件では、唇でペンをくわえさせました。唇にはさんだ状態で漫画などを読む場合と、歯で嚙んだ状態で読んだ場合では、後者の方が、その漫画をより面白いものと評価するのです。

当人に気づかれずに、不機嫌な顔の状態にすることでも、感情状態を操作できることが示唆されています。たとえば、心理学者のラーセンらの実験では、実験参加者の眉間にステッカーを2つ貼ってもらいました。表情については何も指示せず、その2つのステッカーをできるだけ近づけるようにとだけ告げて、無意識的に「しかめ面《つら》」を作ってもらったのです。この状態で人物の知名度を評定させると、より低く評価することがわかりました。また、写真に対する評定も、より悲しく感じることになりました。

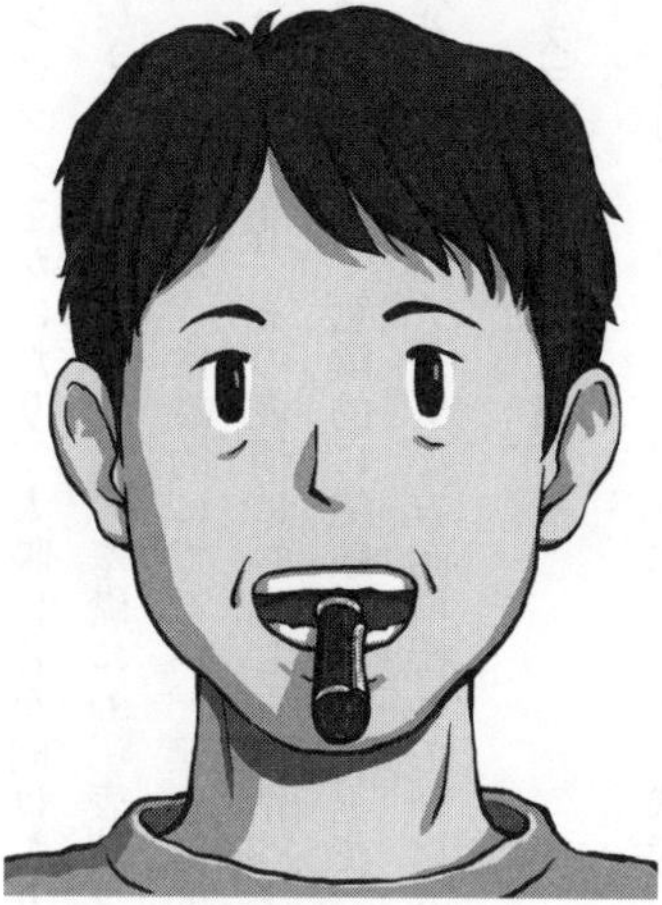

図3-4　ストラックらによる表情の操作

棒状のものを歯で噛ませることで、参加者に気づかれずに笑顔と同様の表情を作り出した。（作画：谷野まこと）

太陽が眩しいと、しかめ面のような表情になります。このような状況では、人は攻撃的になることがイタリアのマルツォリらによって報告されています。同じ研究では、サングラスをかけたり、太陽に背を向けたりすると、攻撃性が緩和されることも報告されています。こうした効果の基礎にも、表情フィードバックがある可能性が指摘されています。

このように、意識的にであれ、無意識的にであれ、顔の表情を作ることで、自分の感情をある程度、その表情に対応した感情へと導くことができるのです。気分が沈んでつらく感じる時に、意識的に笑顔を作ることで、もしそれが難しければ、ペンを歯で噛むことで、気持ちをポジティブな方向に持っていけるかもしれません。

†スマホ操作と感情の変動

表情だけではなく、身体の動きや状態が、対象についての感性的評価を変えることもわかっています。

読者の皆さんは、喜びを体で表現する場合、どのような動作をするでしょう？　たとえば、サッカーやバスケットボールなどでゴールを決めた選手が、顔を上げ、両手も上げて、飛び跳ねて喜びを表現するのをしばしば目にします。

逆に、落ち込んでいる場合、姿勢はどうなるでしょう？　つい下を向きがちになってしまうことでしょう。実際、いくつかの研究が、ポジティブな感情には上向きの身体的動作が、ネガティブな感情には下向きに身体動作が結びついていることを示唆しています。

たとえば、米国の心理学者カササントらは、自分の過去を思い出す際、ものを下から上に動かす手の動きをしながらでは、ポジティブなことを思い出す時間が短くなり、逆に、上から下にものを動かす手の動きであれば、ネガティブなことを思い出すのにかかる時間が短くなることを示しました。

タブレットやスマートフォンなどでは、タッチパネル画面の上で指を上下左右に動かしながら、文章を読んだり、画像を見たりします。そうした指や手の動きによっても、感情が変動することが指摘されています。

佐々木らは、さまざまな印象を喚起する画像を見た直後に、画面上を手で上か下かにスワイプする条件を設けました。その後で、画像の印象を評定されると、上方向にスワイプした場合は画像の印象がよくなりがちなのに対し、下方向にスワイプした場合には画像の印象が悪化することが示されました。

感情の状態が影響を受けるのは上下方向の身体運動だけではありません。カササントは、個人の利き手がどちらであるかが、対象に対する感情的反応に影響することを示しています。右利きの人は、身体の右側にあるものをよりポジティブに評価し、身体の左側にあるものをよりネガティブに評価しやすい傾向があり、左利きの人はこれとは逆の傾向が認められたのです。私たちの研究でも、右利きの観察者に関しては、オブジェクトが画枠の中央より右に偏っているものを好む傾向があることがわかっています。

これらの研究は、対象についての印象形成や感情的反応が、手などを用いた操作のしやすさ（あるいは、逆に操作のしにくさ）にもとづいて決定される可能性を示唆しています。こうした身体動作による感情への影響も、すでに紹介した表情フィードバックと共通の基礎を通して、身体の状態が感情の状態へと影響を与えているのかもしれません。

†身体状態やその知覚が金銭感覚に及ぼす影響

自分のお金に執着しやすい人と、お金にこだわらない人がいます。こうした違いはどのようにして生じるのでしょうか。

個人のお金の執着の程度を左右する要因はいろいろあると思いますが、そうした要因の一つに、その時々の空腹感があると主張する研究があります。ワーロップらによれば、実験前の4時間食事を摂らなかった実験参加者に、チャリティーでの寄付に関する10のシナリオを読ませ、それぞれのシナリオの描く状況で自分が寄付をするか聞きました。その後、ケーキを食べてその味を評定する課題を行いました。空腹な状態で質問に答えた参加者は、寄付を行うと答える割合が低くなったといいます。

またワーロップらの別の実験では、食欲をそそるブラウニーを焼く匂いを漂わせた実験室で、別のプレイヤーとお金をやりとりするゲームに参加してもらいました。彼らは、実験室にブラウニーの香りを漂わせていなかった参加者と比べると、相手に提示するお金の額が有意に減ることが示されました。

これらの結果は、空腹な人ほど、自分の持っているお金に執着しやすくなることを示しています。ワーロップらの別の研究では、空腹感以外にも金銭の使い方に影響を及ぼす内部感覚があることが示されています。第四章で解説しますが、宝くじなどに当たった場合、そのお金をすぐにもらうか、あるいは、しばらく待ってもっと多い額の報酬をもらうか、というのは行動経済学でもよく取り扱われる問題です。待つことによる増額の程度が大きくなければ、人は報酬を受け取る時期を遅らそうとは思いません。ところが、ワーロップらは、増額分は変えずに、ある操作を加えることで、待つという判断を行う人の数を増やすことができることを示したのです。

その操作というのは、大量の水を飲ませ、膀胱圧を高めたまま、トイレに行くことを我慢させることでした。彼らの実験では、102名の参加者の半分には、実験前に700ミリリットルの水を飲ませ、もう半分は50ミリリットルの水を飲ませたのです。その後、45分間に渡ってアンケートに答えさせました。この時点で、大量の水を飲んだ参加者は、少量の水を飲んだ参加者と比べて、強い尿意を催していましたがトイレに行くことなく、次に紹介するような、この研究の本当の課題を行いました。

つまり、実験への参加の報酬として、短い待ち時間の後に少額（たとえば、実験の翌日に16ユーロ）をもらうか、あるいはより長い待ち時間の後により大きな額（たとえば、35日待って30ユーロ）をもらうかという、待つ期間と増額の程度について異なる条件を組み合わせた10の設定で、「すぐに報酬をもらう」か「待つ」かの判断をしてもらうというものでした。

その結果、強い尿意を我慢した参加者ほど、より高い頻度で「待つ」という判断をしやすかったという結果が得られたのです。この結果は、尿意を我慢するほど、金銭の使い方についての衝動的な判断が抑制されることを意味しています。

ここで紹介した研究は、我々が金銭の使い方を常に理性的に判断できるわけではないことを意味します。むしろ、金銭の使い方についての判断や、さまざまな金額の金銭の価値についての判断は、空腹や尿意などの内的状態にかかわる感覚によって影響を受けて変動するのです。

†好意や評価が高まる「単純接触効果」とは

ある対象の印象や評価、魅力度などは、さまざまな要因によって変動します。対象自体の特性ではなく、それ以外の要因の影響のもとで形成された印象だとすれば、そこには錯誤が含まれているとみなすことができるでしょう。

ある対象に関して、最初はあまりよくない印象を持っていたとしても、繰り返し接していると、だんだん好意が強まってくることがあります。その対象に気づいていなくても好意が生じるため、この特性には「**単純接触効果**」という名称がつけられています。

この現象の基礎にも誤帰属があると考えられています。順を追って説明しましょう。

繰り返し接している対象は、それについての知覚認知的な処理が次第にスムーズになります。すると、その対象を知覚するまでの時間が短縮され、処理に要する認知資源も少なくて済むようになります。このように、処理が早く、処理に要する認知的資源も少なくなることを、知覚過程が「流暢になる」と表現します。

この知覚の流暢性、つまりはその対象について、すぐに、負荷も少なく知覚認知できるということの原因について、その対象を好きだからだと誤帰属されるために、単純に接しているだけで、その対象についての評価が上がると考えられているのです。これは、単純接触効果に関する、「**知覚的流暢性の誤帰属説**」と呼ばれている説明です。

この現象にもとづく評価の向上は、対象自体の特性に気づいていなくても生じることがわかっています。たとえば、ただ、特定の商品や人物の名前を繰り返し連呼するだけで、好意度が上昇したりします。テレビやラジオのコマーシャルや選挙運動などで、特定の商品や政治家の名前を連呼したり、映像を繰り返し見せたりするだけのものがあるのはそのためです。対象の名前や映像に繰り返し接するだけでも、だんだんと評価を上げる効果が期待されているのです。

単純接触効果は触覚においても生じることがわかっており、いろんな知覚に一般化できる原理なのかもしれません。

†人気者と並べることの効果

テレビコマーシャルなどでよく使われているテクニックに、売り込みたい商品と人気のある俳優やスポーツ選手とを、同じ映像中に示すというものがあります。さらに、ＢＧＭに有名なヒットソングを流したりするのもコマーシャルではおなじみの手法です。

一度であれ繰り返しであれ、人気者や高評価の音楽などと対《つい》で提示された対象は、その後、単独で提示された場合であっても、魅力的と評価されやすくなる傾向があります。この効果は、一度だけの対提示でも生じることがありますが、繰り返し提示する方が、より大きな効果が期待されます。

他方、不人気な対象と対提示されると、商品の評価はむしろ下がってしまいます。そのため、商品を売り込みたい場合、どのようなものと一緒に提示するかはとても大事になります。

なお、商品自体が、すでに高い（あるいは低い）評価を得ている場合、対提示されるタレントや音楽の印象の方を向上（あるいは低下）させることにもなると思われます。そのため、タレントのプロモーションでは、共演者や一緒に提示される商品が高く評価されるものであるかどうかを見極めることが大事になります。

こうした現象の基礎には、心理学の用語で「条件付け」と呼ばれる、連合学習の過程が介在していると考えられています。つまり、元々はニュートラル（中性的）な評価対象である商品が、人気者（あるいは不人気者）と対提示されることで、魅力あるもの（あるいは魅力のないもの）と連合して学習されると、その商品が単独で提示されても、魅力的に（あるいは魅力ないものとして）感じられるようになると考えられます。

この連合学習は、テレビコマーシャルなどでの商品の印象において有効ですが、人間を含む生物にとっての行動決定の基本的な過程でもあります。そのため、この連合学習は、実生活での印象形成においても有効です。元々はそれほど高い好感度が期待できない場合であっても、魅力的なものと一緒にあることで、評価を高めやすくなるのです。

あなた自身を、初めて会う人に対して売り込みたいときは、すでに高い評価を得ている人と一緒にいる状態を作ると効果的でしょう。あるいは、きちんとした身なりで会うと、その身なりの好印象が、あなた自身の好印象を喚起しやすくなるのです。

なお、こうした効果は、あくまでも売り込みたい対象の印象がまだ形成されていない、ニュートラルな場合に期待できることです。そのため、すでにあまりよくない印象が定着している場合は、人気者と一緒にいることだけで、あなたの印象を改善することにはならないかもしれません。

条件付けに関する研究にもとづけば、すでに悪い印象がついてしまっている場合には、

「**消去**」という手続きをとることが有効です。あなたが悪い印象を持たれることになってしまった言動や出来事が、かつてあったはずです。ですから、あなたが一緒にいても悪い印象を持たれるような事態が起こらないことを、相手に繰り返し経験させることで、やがては悪い印象が消去されることが期待できます。

実際、この消去の手続きを使って、さまざまな恐怖症の治療が行われ、効果が認められています。たとえば高所恐怖症の場合、バーチャルリアリティーのシステムを使って、高所にいても危険がないという状況を繰り返し経験させることで、実際の高所で感じる恐怖や不快感を低減させるようにするのです。

†好き嫌いに関する他者の影響

人物の魅力に関する判断には、相手の状態についての知覚が影響することが知られています。たとえば、その相手の瞳孔が大きく広がっている時、その人物はより魅力的に評価される傾向があります。

実は、観察対象に興味を持っていたり、好意を持っている人の瞳孔は大きくなります。そこで、相手の瞳孔が大きい時、自分に対して興味や好意を持っていると無意識のうちに判断してしまうようなのです。その結果、瞳孔が大きく広がっている人物は、より魅力的に見えます。この効果は、評定の対象が、実際の人物ではなく、写真や動画像であっても生じます。

人物の（画像であっても）印象の評定の際、相手の表情や感情状態による影響も受けます。その表情を見ることで、同調が生じます。たとえば、相手が笑顔であれば、それを見ている人も笑顔になりやすいのです。相手の笑顔につられて自分も笑顔になると、気分的にはポジティブになりやすく、それもあって、相手をより高く評価しやすくなります。

さらに、相手が単にうなずくだけでも、首を振ったり首を静止したままの状態に比べて、対象となる人物を好ましく感じるようになることが報告されています。うなずくという動作は、実際の人となりとは無関係なはずなのに、相手に近づきやすい印象を与え、ポジティブな評価を与えやすいのです。

†それは本当に自分の意志か

自分自身が行った行動については、自分は単なる目撃者ではなく、その行為自体を意図し、身体動作を制御した主体であると感じられることでしょう。

しかし、これまでに行われてきた研究では、たとえ自分自身であっても、意思決定の過程をちゃんと把握できていない場合があることが示されています。つまり、自分自身の行った行為のための意思決定の内容や理由について、興味深い錯誤が生じることが指摘されています。

自らの行為と意思決定との間の乖離を明確に示す現象に、分離脳患者の事例を挙げることができます。右利きであれば、多くの人は、視覚における空間認知は大脳の右半球が、言語的処理は大脳の左半球が担っています（ただし、左右の脳の機能差がそれほどはっきりしていない右利きの人も2、3割いるとの研究もありますし、左利きの人になると、左右の脳の機能差はさらに曖昧になるものと考えられています）。通常、大脳の右半球と左半球とは、脳《のう》梁《りょう》によってつながれていて、脳梁を通して左半球での処理結果は右半球に、右半球での処理結果は左半球に伝えられます。

現在ではあまり行われていないようですが、かつて、てんかんの発作が大脳皮質全体に広がることを避けるため、脳梁の一部を外科手術により分断する治療法が用いられたことがありました。脳梁を切り離してしまうと、一方の半球で処理された内容を、別の半球に伝えられなくなります。

視野内で注視している点の、左右3度程度の範囲は両方の脳に伝えられますが、それ以外は、視野の左側が右脳半球の視覚皮質に、視野の右側が左脳半球の視覚皮質に伝えられています（図3-5）。

分離脳手術により脳梁が切り離されている場合、左右の脳半球の間の連絡がしにくくなるので、それぞれの半球に刺激を与えて、別々に機能的特徴を調べることが可能になります。そのため、分離脳手術を受けた人に実験に参加してもらうことで、左右脳半球の機能に関する研究が大きく進んだのです。

そうした分離脳研究の一つに、左右の視野に別々の画像を提示し、それぞれの画像にあった選択肢を選ばせるという実験がありました。米国の神経学者ガザニガとスペリーは、分離脳者に、たとえば右視野（つまりは左脳半球）に鶏の足の画像を見せ、左視野（つまりは右脳半球）に雪が積もった景色の画像を見せ、左右の手元に置いてあるさまざまなイラストの描いてあるカードのうち画像に合ったイラストのカードを、左手と右手でそれぞれ1枚だけ選ばせました。

この実験で分離脳者は右手（左脳半球によって制御されています）で鶏のイラストの描いてあるカードを選び、左手（右脳半球によって制御されています）でスコップを選びました。

一見この対応関係は明白です。なぜなら、左脳半球は鶏の足から鶏のイラストを選択し、右脳半球は積雪の景色から雪かきの道具であるスコップを選んだということになるからです。

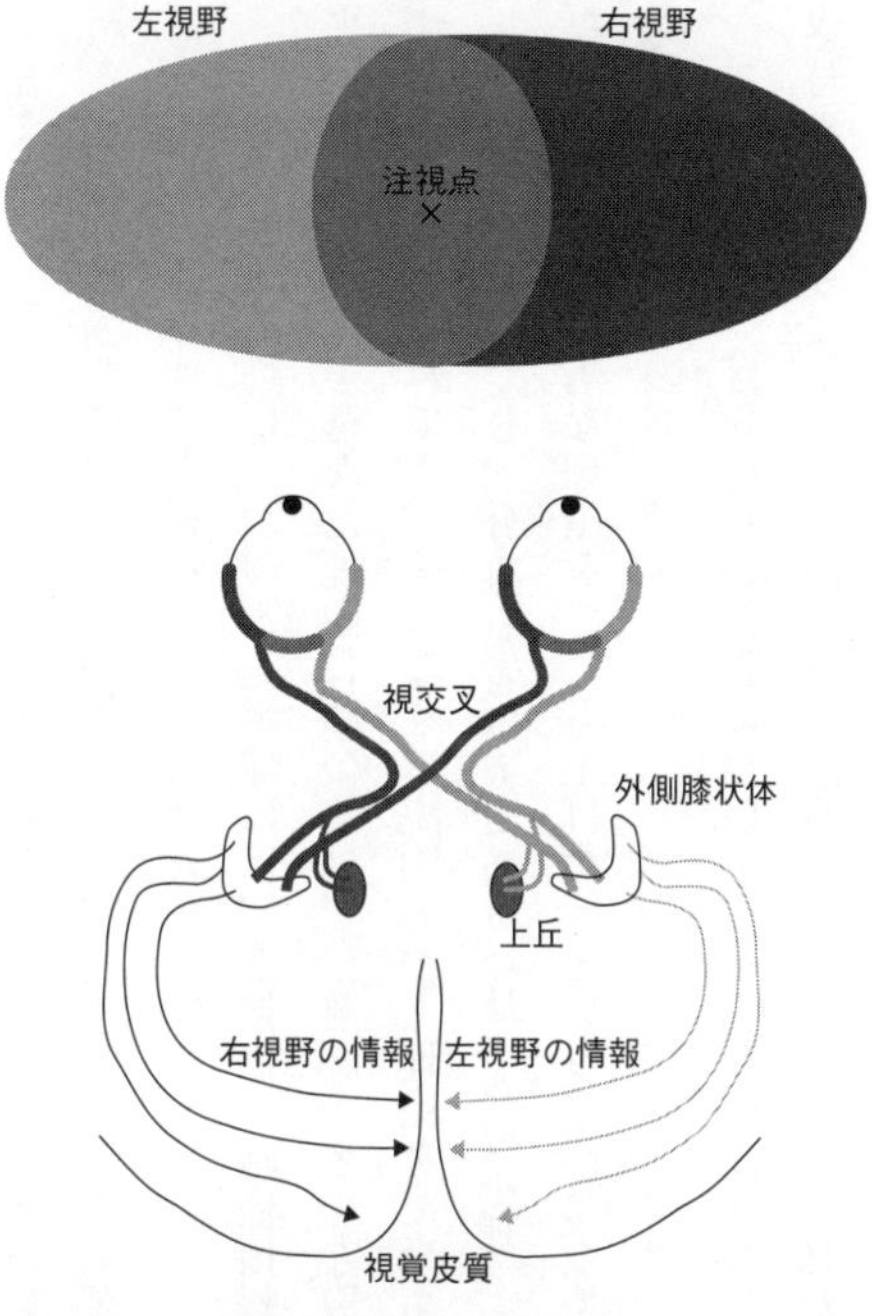

図 3-5　視覚に関係した中枢
中心視野の近傍を除いて、左視野の情報は右の視覚皮質に、右視野の情報は左の視覚皮質に伝えられる。

ところが、興味深いことに、実験者がどうしてそれぞれのカードを選んだのか理由を尋ねると、分離脳者は、「鶏の足が見えたので鶏のイラストを選び、鶏小屋の掃除のための道具としてスコップを選んだ」と答えたのです。

実は、言語活動にかかわる左半球には、雪景色の画像情報は伝えられていないので、本当は、スコップを選んだ理由については、分離脳患者の左脳には言語的に説明できないはずなのです。それでも、それなりに説明のつく理由をでっち上げて、言語を使って説明をしたのです。ただし、分離脳者本人(あるいは、左脳半球?)には、「選択の理由がわからなかったので適当な理由をでっち上げた」という意識はなく、本当に説明の通りに思い込んでいるようなのです。

この事例は、自分自身の行動について、正当な理由がない場合でも、どうやら違和感を感じることもなく、自分の行動を説明してしまう傾向が私たち(あるいは、私たちの左脳半球?)にあるということです。

†選択盲の罠

こうした行動は、分離脳患者でだけ起こることではないということが、また別の実験パラダイムによって示されてきています。

スウェーデンの実験心理学者のピーター・ヨハンソンらは、実験参加者（分離脳者ではない、50名の男性と70名の女性）に2人の女性の顔写真を見せ、どちらが魅力的かを指さしてもらいました。その後、いったん、2枚の写真を裏返しにして、指さされた写真をその参加者に渡し、なぜそちらを選んだのか、理由を聞きました。全部で15の女性の顔写真のペアを使って、この過程を繰り返します。

この繰り返しの中で、3つのペアでは、手品のような手法を使って、参加者に気づかれないように写真をすり替え、実際には指さされなかった写真を渡します。この手続きで、どの程度の割合で、人物のすり替えに気づいたと思われるでしょうか？

実際の実験の結果では、参加者が気づいたのは、全体の13パーセントにすぎませんでした。それ以外の場合は、写真がすり替わったことに気づかず、参加者はそれらしい理由を実験者に述べたのです。たとえば、実際には選ばれなかった女性の写真を見せられ、その写真を選んだ理由について、イヤリングがよかったから、と答えたりします。実際に選ばれた女性は、イヤリングなどしていなかったのに。つまり、参加者は理由を求められた時に使える材料を使って、それなりに理由を説明しますが、実際の選択の際にはまったく違う理由で、まったく違う判断をしていたのです。

別の実験でヨハンソンたちは、刺激の提示を視覚ではなく、味覚（ジャム）や嗅覚（紅茶）を使って同様のすり替え実験を行い、やはり高い頻度ですり替えが気づかれないことを見出しています。

これらの一連の実験は、私たちが自分自身の選択的な行動について、その内容が何であれ、後付けで、それらしい理由を作り出し、自分もそのことに気づかずに述べる傾向があることを示しています。私たちは自分自身の意思決定に関して、その本当の意図と、その結果として生じた行動や選択内容の違いにさえ気づきにくく、自身の行った選択の理由を自分でも明確には意識していないということです。同様に、経済的な意思決定やモラルに関する意思決定においても、すり替えの見逃しが高頻度で起こることを示した別の研究者もいます。

こうした現象は「**選択盲**」と呼ばれています。日常生活においても、私たちは自分たちが思っているほど意識的に行動しているのではないのかもしれません。

第四章 直観はなぜ間違えるのか——確率的特性と合理的判断

†認知錯誤は規則的で一貫性がある

高次の処理過程がかかわる錯誤現象は、眼で見える特性についてのみ生じるわけではありません。出来事の生じ方、物事のありように関する認識においても、我々の情報処理系のバイアス（先入観、偏見、思い込み）によって、人間という種であればおおよそ同じように、つまりは「規則的」に、認知的錯誤が生じます。

出来事の生じ方についての錯誤現象の程度には、知覚的な錯覚よりも大きな個人差があることが多いようです。そのため、知覚的錯覚とは基礎にある過程に何らかの違いがあるものと考えられます。おそらくは知覚的処理よりも個人の経験に依存して多様な処理にもとづく過程が介在しているのでしょう。

しかし、錯誤現象が生じること自体については一貫性があり、特定の条件の下でその現象を再現することが可能です。また、同様の体験を他の人たちと共有することもできます。

そのため、こうした錯誤現象は人間に特有の情報処理過程の特性を反映していると考えられます。しかも、多くの知覚における錯覚現象と同様に、その存在を知っていても、その錯誤を自分で引き起こしてしまうことをなかなか避けられません。

†その直観は正しいか――モンティー・ホール問題と三囚人問題

そうした錯誤の一つとして、私たちには、合理的な確率判断がとても困難という特性があります。以下では、その例をいくつか示しましょう。

最初に紹介するのは「**モンティー・ホール問題**」と言われている確率判断における錯誤です。モンティー・ホールというのは、アメリカの人気テレビ番組の司会者の名前です。

彼の番組で、定番のクイズのコーナがありました。そこでは、回答者の前にA、B、Cの3つのドアがありました（図4-1）。1つのドアの後ろには景品の高級スポーツカーが、

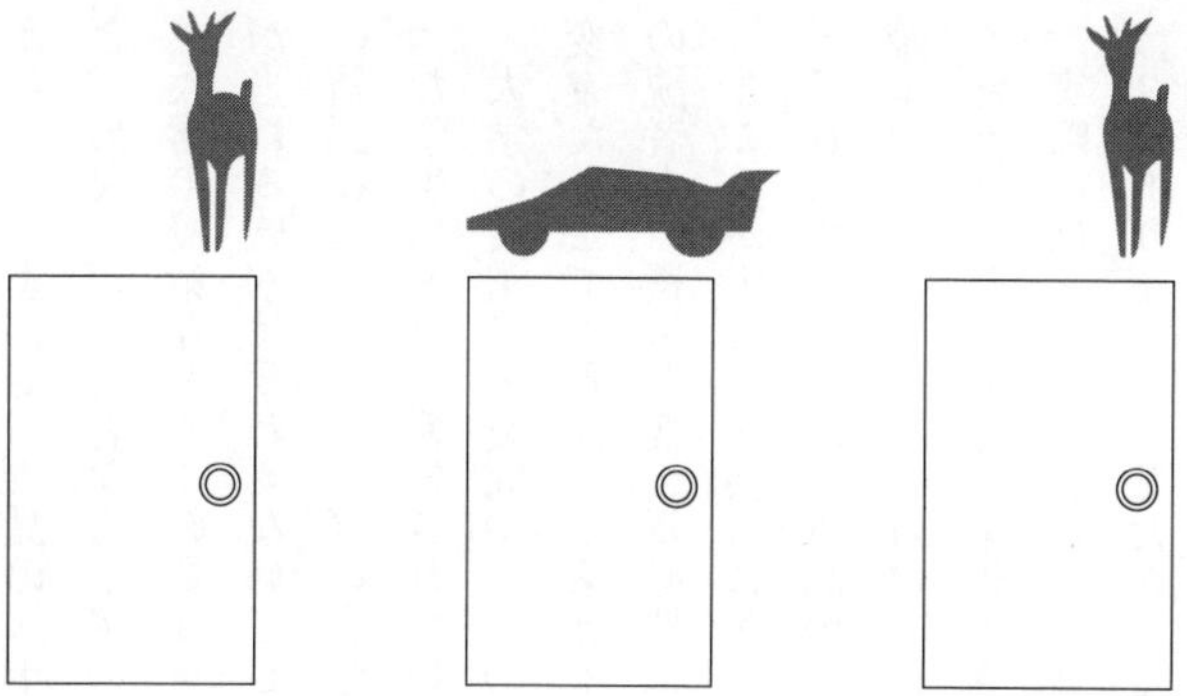

図 4-1　モンティー・ホール問題

A、B、Cの3つのドアのうち1つは「当たり」のスポーツカー、残り2つのドアは「はずれ」のヤギ。

残り2つのドアの後ろには「はずれ」を意味するヤギがいます。回答者は車のあるドアを当てるとその車がもらえることになっているのです。

まず、回答者は3つのドアの中から1つのドア（たとえばA）を選択したとします。ここで、番組の恒例の展開で、どのドアの後ろにスポーツカーがあるのかを知っている司会者が、残りの2つのドアのうちの1つ（たとえばC）を開け、ヤギがいるのを回答者に見せるのです。そして、司会者は回答者に、最初に選んだドア（A）を、もう一つのドア（つまりはB）に変更してもよいと告げるのです。

このとき、回答者は選択をAからBに変

えることによって、景品のスポーツカーを勝ち取る確率が変動するでしょうか？　このとき、あなたが回答者ならドアの選択を変えるでしょうか？

大学の授業などでこの質問をしたとき、ほとんどの学生は、選択を変えたとしても景品が当たる確率は変わらない、したがって、自分なら選択を変えないと答えます。実際、この錯誤について、カナダの大学で行われた調査では、選択を変えた学生は2割、変えなかった学生は8割と報告されています。

大学の授業での質問や、このカナダでの研究報告からは、多くの回答者が、もし回答を変えたとしても景品をもらえる確率は変わらないと判断したことを意味しています。多くの読者も、選択を変える必要はないと考えたのではないでしょうか？

ところが実は、司会者に選択を変更するかと聞かれたとき、回答者は選択をドアAからドアBに変えた方が、景品の当たる確率は上昇するのです。したがって、景品をもらえる確率を上げたいのであれば、回答者は選択枝を変えるべきなのです。

そうは言われても、納得できない読者も多いことでしょう。

実際にはどのように確率が変動するのか説明しましょう。もともと最初の段階ではドアは3つありました。したがって、ドアAが当たりである確率は3分の1でした。他方、ドアBかドアCが当たりである確率は3分の2ということになります。
ところが、司会者がドアCを空けた時点で、ドアCが当たりである確率は0となり、その代わりにドアBが当たりである確率が3分の2となるのです。したがって、ドアCが「はずれ」とわかった時点で、選択を変更した方が、景品の当たる確率が3分の1から3分の2に上がるのです。

このような説明を読んでも、多くの読者は半信半疑なのではないかと思います。説明を聞いても理解しにくいということは、当たる確率を上げるような選択がなされにくいこととともに、私たちの直観は、出来事の確率における特性とずれてしまうことがあることを意味しています。

多くの人は選択を変えても確率は変わらないと考え、選択を変えないことを選択しました。この結果は、確率についての私たちの直観が合理的な確率判断にもとづくものではないこと、直観的な判断が事象の実際の確率と乖離していることを示しています。また、選択を変えなかったことは、第五章で紹介する**現状維持バイアス**に関連しており、これもまた人間の判断の特性を反映しています。

ここに挙げた例は、「回答者は選択を変えるべき」という雑誌での解説に、多くの反論が寄せられたことから特に有名になりました。反論の数は1万を超え、反論を寄せた中には多くの数学者もいたと言われています。

このことも、確率的な知識や論理的な判断能力を備えていたとしても、私たちの直感が、実際の事象の確率的特性と対応しないことがあることを示しています。私たちの知識や理性は直感に勝てないのかもしれません。

「モンティー・ホール問題」と似た確率判断に関する問題に「**三囚人問題**」があります。

ある国に3人の死刑囚がいました。この国の王子が結婚することになり、3人の死刑囚のうち1人だけが恩赦で釈放されることになりました。3人のうち誰が恩赦の対象になるかは無作為に決められました（誰かがサイコロでもふって決めたのでしょう）。だれが恩赦になるか知っている看守に、囚人Aが「囚人Bと囚人Cのうち少なくとも1人は処刑されるのは確実なのだから、2人のうち処刑される1人の名前を教えて欲しい。自分が処刑されるかどうかについては関係ないことだから、問題ないだろう」と持ちかけました。

看守は囚人Aの言い分に納得して、「Bは処刑される」と答えました。それを聞いた囚人Aは、「これで釈放されるのは自分とCのどちらかになった。自分の助かる確率は⅓か

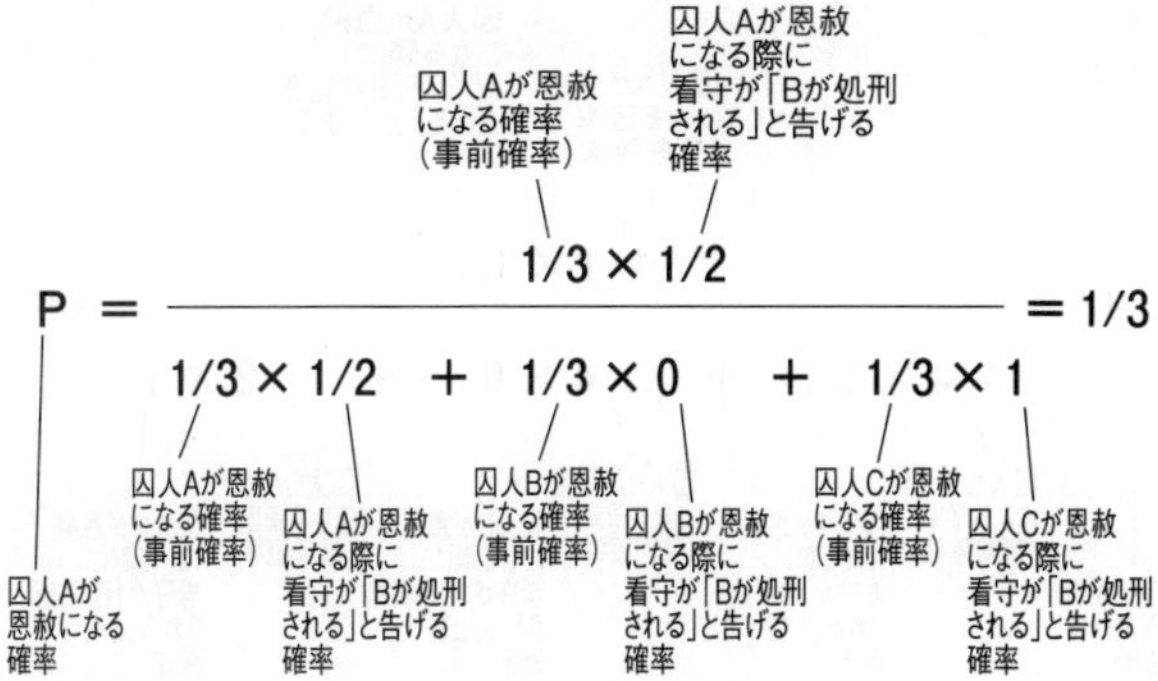

図4-2　オーソドックスな三囚人問題
3人の囚人のいずれも恩赦になる確率が等しい場合。

ら½に増えた」と言って喜びました。囚人Aのこの確率についての判断は正しいのでしょうか？

私が先のモンティー・ホール問題の話をした後で大学の認知心理学の講義でこの問題を学生に問うたところ、ほとんどの学生は囚人Aの判断は正しいと答えました。読者はどう判断されるでしょうか？

実は、実際には、看守が囚人Aに、Bが処刑されることを伝えた後でも、Aが処刑される確率は3分の1のままです。したがって、囚人Aは誤っていたことになります。

図4-2が表すように、実際には、看守が何と答えようと、囚人Aが助かる可能性は最初の状態の3分の1と変わるわけではありません。したがって、看守が答えること自体に特別な意味はない

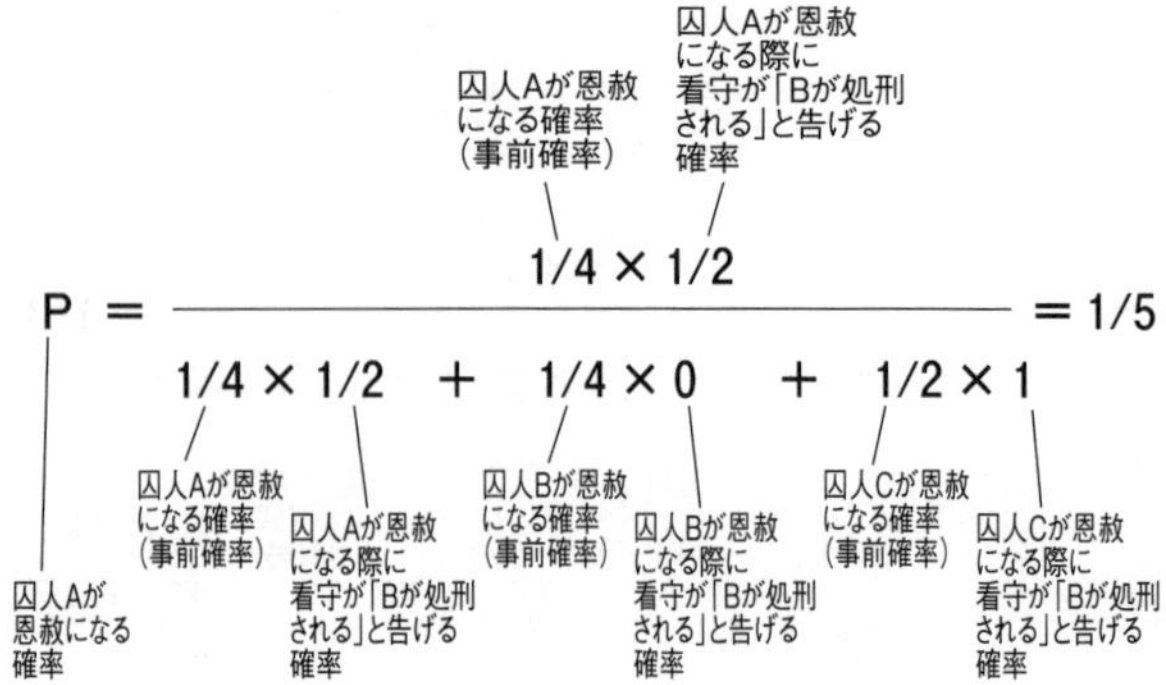

図 4-3　恩赦になる確率に違いがある場合の三囚人問題

と思われる読者もおられるかもしれません。ただし、この例では、初期の状態によって、直観との乖離がよりはっきりしてくることが知られています。

上の例では、3人の囚人が恩赦を受ける確率は等しく3分の1でしたが、それぞれが恩赦を受ける確率に偏りがある場合、我々の直観は実際の事象の生起確率とさらに乖離しやすいのです（図4-3）。

たとえば、A、B、Cの3人の囚人が恩赦となる確率がそれぞれ4分の1、4分の1、2分の1だったとします（同じ死刑囚でも、罪状に違いがあったということなのでしょうか）。囚人Aが、上の場合と同様、看守に囚人BとCのどちらが処刑されるかを尋ね、囚人Bが処刑されると聞いたとします。このとき、囚人Aが助かる確率は5分の1になり、生き残る可能性は、最初の4分の1から減ってしまいます。

ところが、ほとんどの人はこの確率の変化を理解できません。

†確率についての直観の誤り

モンティー・ホール問題や三囚人問題に関するこれらの事例は、実際の事象の生起確率が直観的には理解しにくいことを示しています。人間は確率判断をすることが苦手なのです。こうした確率判断と実際の確率との乖離、確率的事象についての合理的な判断の困難は、多くの人に共通に認められる人間の一般的な認知的特性です。

モンティー・ホール問題をめぐっては、確率の専門家である数学者も一般の人と同じような錯誤的判断を行ったことからも、それなりの論理判断能力や確率についての知識があったとしても、直観と確率からの乖離が生じ得ることがわかります。錯誤の可能性を知っていてもそれを避けることができないということは、ここまで紹介してきた多くの錯覚と同じ特性と言えるでしょう。

他にも、確率的な認知的錯覚に関係した人間の認知特性として、ランダム系列を発生することの困難を挙げることができます。ランダムとは不規則とか、無作為ということですが、たとえば、0から9までの数字や、AからZまでのアルファベットをランダム順に並べるのはとても難しいことです。自分自身がランダム順に並べたつもりでも、そこには一定の規則性や作為がかかわりやすいのです。もっと単純に0と1の2種類の数字を不規則に並べようとした場合も、同様です。

逆に、ランダムな数字の羅列を見ると、人間には何らかの規則や作為のある順序に見えてしまうことがわかっています。ランダムがランダムと見えず、規則的なものが規則的と見えないという点で、これも出来事の起こり方に関する認知的錯覚と言えます。

日常でも、公平な順序を決めたりする際にランダムな順序を作ることがありますが、そのような場合、自分では順序が不規則に見えたとしても、実際には偏りがあると思った方がよいのです。本当にランダムにしたいのであれば、サイコロを転がしたり、よく混ぜられた数字カードを使ったりする必要があるのです。

このように、さまざまな状況において、確率に関する直観がその実際の確率的特性とずれてしまうということは、人間の進化の過程で、そうした能力を求められてこなかったことを示唆しています。むしろ、確率を無視しても、直観に従って行動することが適応的だったのかもしれません。

†行動経済学の二重システム論

人間の認知的な情報処理に関して、確率的判断の困難以外にも、論理的な整合性に問題があることが指摘されてきています。この特性を理解するために、人間の思考の二重性について取り上げたいと思います。

経済学と認知科学を統合した行動経済学の基礎を築いたダニエル・カウネマンは、人間の思考について、直観的で速い「システム1」と、意識的だが遅い「システム2」の2つのシステムから成り立っているとする**二重システム論**を提唱しました。

この理論によると、システム1は、自動的かつ高速で、あまり認知資源を必要としないような思考モードにあたります。日常の活動の多くはこのシステムに依存するモードで担われていると考えられています。

他方、システム2は、熟考の際など、多くの認知的な資源を投入して行う際の思考モードにあたります。合理的、論理的な判断の基礎にある過程で、このモードでは認知的な負荷も大きいと考えられています。物事の論理的特性や整合性を判断するためには、こうした思慮深さを可能にするようなシステムの駆動が必要と考えられています。

確かに、私たちは、普段、目の前の出来事一つ一つに対してそれほど思慮深く接しているわけではありません。むしろ、多くの場合はぼーっとして過ごしていると言っていいかもしれません。この二重システム論はそうした人間の認知的特性をよく捉えているように思います。

カウネマンは、私たち人間は基本的に怠惰で、できればシステム2の駆動を避け、システム1だけで対処しようとする傾向があることを指摘しています。その結果、まったく論理的ではない意思決定をすることも多いと推測されます。そのため、あとから考えると、どうしてそんな非合理的な意思決定をしたのか、理解することが困難なこともあるでしょう。

そうした、非合理的かつ非論理的な意思決定に関係する事柄として、ヒューリスティクスにもとづく判断と、判断におけるバイアスを紹介しようと思います。

†ヒューリスティクスにもとづく判断の誤り

第一章で見たように、人間に限らずどの生物においても、知覚や認知の過程には多くの不十分な点があります。そのため、環境中の対象や自分の状態について、手に入れることができる情報は限られています。得られた知覚情報の中には、正しい答えを導くためには十分な情報が原理的に存在していない場合も多々あります。

むしろ、生物の知覚というのは、正しい答えを導くための十分な情報のない状況で問題を解くような過程と言っていいと思います。このように、得られる情報からは、正しい解を得ることが原理的にできない設定になっている問題のことを、計算機科学などの領域では「**不良設定問題**」と呼びます。

たとえば、視覚において二次元（面）的な網膜像の中の情報から観察されている対象の三次元（立体）的構造を推測することが、不良設定問題の例となります。二次元的な画像の中には、三次元の構造を復元するための十分な情報はないからです。

また、時間の知覚において、その都度得られる〇次元（点）的な知覚内容から、複数の事象間の時間間隔や主観的時間の進行速度などの一次元（線）的な時間特性を推測することも、不良設定問題の例と言えるでしょう。〇次元的な情報の中には、長さや間隔、速度などの一次元的特性を復元するための十分な情報がないからです。

知覚的な判断の多くは、このように、正しく解くのが原理的に困難な内容になっているのです。それでも、私たちの知覚系は、それほど長い時間をかけずに、しかも、生存のためには十分な精度で何らかの解を導き出しています。どのような方略で、この解けない問題を解いているのかを解明することは、知覚や認知過程に関する心理学的研究の主要な課題の一つになっています。

これまでの心理学的研究では、知覚系が、対象の特性と対応した手がかりを利用したり、ある特定の特徴についての情報があれば、それに対応した決まり切った解を採用したりすることで、「解けないはずの問題」を解いていることがわかってきています。

対象についての二次元網膜像からその三次元的構造の復元のためには、両眼視差や運動視差、線遠近法、大きさ、重なりなどの「奥行き手がかり」があれば、そこから対象の三次元的な特性をそれなりに正しく推測できるように、学習が行われていることが示唆されてきています。この場合、たとえば、視覚的に特定の線遠近法的な情報が得られれば、その中の地点AからBまでの距離はどの程度かを、歩いて移動するような経験の中で繰り返し学習することを通して、線遠近法的な特徴を持つ画像を見ただけで、その中にある2つの地点の距離が判断できるようになると考えられています。

とはいえ、こうした学習が成立するまで、判断を保留するわけにはいきません。まだ学習がなされない場合に、手っ取り早い、「お決まり」の簡便な決定ルールが用いられることがあります。

そうした決定ルールは総称して「**ヒューリスティクス**」と呼ばれています。第一章で紹介した、奥行きのある対象についての知覚における直角、平行、水平の偏好は、こうしたヒューリスティクスの一つと見なすことができます（第一章図1-1）。

ヒューリスティクスにもとづく判断は、知覚的判断だけではなく、多くの認知的判断においても認められます。いずれの判断においても、ヒューリスティクスは、個別の対象の特性にもとづく判断というよりも、観察者側が持っている定番の解決方略のようなものなので、正しい判断を下せるとは限りません。むしろ間違えることの方が多いだろうと思われます。

とはいえ、進化の過程の中ではおそらくは致命的な問題に発展するほど大間違いすることはなかったのでしょう。むしろ「急場しのぎ」で、短時間で、それなりの対処ができたことで生存には有利に働くことが多かったため、このような特性が現在の私たちに備わったのでしょう。

認知的判断におけるヒューリスティクスにはさまざまなものがあります。先に紹介した、直観的で速い「システム1」が、このヒューリスティクスにもとづく判断にかかわっていると考えられています。

まだ人間の認知的な過程におけるヒューリスティクスがすべて特定されたわけではありません。まずはこの領域の代表的研究者であるトヴァスキーとカーネマンが検討した3通りのヒューリスティクスを紹介することにしましょう。

†「もっともらしさ」の罠

「リンダ問題」と呼ばれる有名な課題があります。リンダという人物について、以下のような記述がなされています。この文章を読んでリンダがどのような人物か、想像してみてください。

『彼女は現在31歳で独身である。率直な物言いをする快活な人物である。大学時代は哲学を専攻していた。学生時代、差別や社会的問題について強い関心を持っていた。反核運動にも参加していたことがある。』

以上の記述から想起されるリンダという人物について、ありそうな程度で並べた順序は以下のA、Bのうち、どちらになるでしょうか？

最初の順序Aは次の通りです。

(1)リンダはフェミニスト運動家である。
(2)リンダは銀行の窓口係である。
(3)リンダはフェミニスト運動家で銀行の窓口係でもある。

もう一つの順序Bは次の通りです。

(1)リンダはフェミニスト運動家である。
(2)リンダはフェミニスト運動家で銀行の窓口係でもある。
(3)リンダは銀行の窓口係である。

読者も、AとBのどちらの順序がリンダという人物の「ありそうな程度」の順序を示しているか判断してみてください。

大学生を対象としたトヴァスキーらの研究では、リンダの「ありそうな程度」について、順序Bのフェミニスト運動家、フェミニスト運動家で銀行の窓口係、銀行の窓口係の順を選んだ人がほぼ9割でした。実際、私が同じ質問を大学の講義で投げかけたところ、ほぼ全員が順序Bを選択しました。読者も、この順序で「ありそう」と感じたのではないでしょうか？

では、答え合わせをしましょう。ここで重要なのは2つめと3つめの項目の確率的特性です。「フェミニスト運動家で銀行の窓口係」は「銀行の窓口係」の一部、つまりは「部分集合」です。そのため、「銀行の窓口係」よりも「フェミニスト運動家で銀行の窓口係」の方が「ありそう」ということは、確率的にはあり得ないことになります。つまり、確率的に判断すればすぐにわかる通り、「ありそうな程度」の順序を示しているのは順序Aでしかあり得ません。ちょっと考えればわかる確率的特性がどうして無視されてしまったのでしょう?

この問題には、私たちの概念形成の特性がかかわっているようです。

トヴァスキーらの研究では、上述の人物記述について、さまざまな人物像の**ステレオタイプ**との近さも調べられました。ステレオタイプとは、概念的な典型例のことです。その結果では、上述の人物記述は、銀行の窓口係よりも、フェミニスト運動家のステレオタイプに近かったのです。

つまり、上述の人物記述は、フェミニストのステレオタイプに近く、銀行の窓口係は遠かったのです。概念的に最も「もっともらしい」のだから、フェミニスト運動家としてのリンダが最も「ありそう」と判断されたと考えられます。

この研究結果からは、実験参加者であった学生たちが、リンダという人物の「ありそうな程度」については、確率論ではなく、ステレオタイプとの近さによって判断していることがうかがわれます。私たちの判断は、出来事の確率的特性ではなく、ステレオタイプ、ありきたりの固定概念にゆがめられやすいと言えます。

このように、ステレオタイプ、固定概念との近さ、想起しやすさに影響を受けやすい判断の特性のことを、**「代表性ヒューリスティクス」**と呼びます。

†「よく知っていること」の罠

次に紹介するのは、**「利用可能性ヒューリスティクス」**です。これは、想起しやすい対象に対して、想起しにくい対象よりも高い評価を与えやすいという特性です。

たとえば、都市の名称と人口規模の見積もりにおいて、よく知っている町ほど人口を多く見積もる傾向があります。すなわち、本当は人口が多くても自分が知らない町は小さく感じられ、人口が少なくても自分のよく知っている町ほど人が多いように感じられます。この傾向は、想起しやすい町ほど大規模なものとして判断しやすいという特性を私たちが持つことを示しています。

想起すること、イメージすること自体にも、将来に生じる出来事についての予測に影響を及ぼす効果があります。たとえば、選挙において、ある人に特定の候補が当選した光景を想像させたとします。そうすると、その人はその候補が当選する確率を過大評価するようになります。

この利用可能性ヒューリスティクスは、身近な例を過度に一般化することにもつながります。たとえば、身近な知り合いにヘビースモーカーがいて、その人が100歳を超えたりすると、喫煙は健康に害を及ぼさないと信じてしまいやすいのです。

こうした利用可能性ヒューリスティクスがあるということは、私たちに普段接する頻度の高いものに対する評価を過大に高める傾向があることを示しています。子供に対する「親の欲目」もこうした特性を反映したものでしょう。身近なものを正当に評価する必要がある場合、その対象をどうしてもひいき目に見てしまう傾向が私たちにあることを考慮すべきだと思います。

†無意識的な基準の罠

いくつも数字が提示された場合、それを瞬時に掛け算して答えを出すことは算盤などのトレーニングを積んでいない人にはかなり難しい課題です。しかし、掛け算の結果がおお

1　3　5　7　13　19　21　29

図4-4a　左から順にかけ算するとおおよそどの程度の数になるか？

29　21　19　13　7　5　3　1

図4-4b　左から順にかけ算するとおおよそどの程度の数になるか？

よそどの程度の数になるかを推測することは誰にでもできることでしょう。

　まずは、図4-4aに示した数字を掛け合わせた数がおおよそどの程度の値であるかを1秒以内で推定してみましょう。次に、図4-4bに示した数字をかけ合わせた数がおおよそどの程度であるかを、やはり1秒以内で推定してみましょう。

　これは**係留ヒューリスティクス**に関係した判断課題です。「係留」とは船などを港などに固定する際に使われる錨《いかり》の意味です。心理学では「判断の際の基準」を意味する語として使われます。

　実は、与えられた基準に従って、掛け算でおおよその程度の数になるか、推測される数字の分布の偏り方が異なります。図4-4bのように、まず、より大きな基準の値を示された後では、その値が基準（係留）として用いられることにより、回答される値が大きくなりがちなのです。また、図4-4aのように、最初に小さな値が示された場合は、逆に、小さな値が回答されやすいのです。

たとえば、数値や量に関する判断では、判断に先立ってある値を与えられると、自分でも意識しないうちにそれを基準に判断しがちです。このような効果を「**係留効果**」と呼びます。物事の特性についてのさまざまな認知的処理過程においても、目立つ特徴を基準として判断する特性があります。基準にもとづいて処理することは、さまざまな処理の水準で見られる人間の情報処理の特性なのです。

同じような判断の特性は、商品の価格の見積もりでも認められます。ある商品の値段を知らされると、無意識のうちにそれが基準となり、購買の是非を含めた判断に影響することがあります。

たとえば、事前に知らされた額が大きい場合、それより小さい価格で購買できると得したように感じられやすいのです。ところが、最終的に同じ価格で購買した場合でも、最初に小さい額を知らされていると、損したように感じられやすいのです。

係留ヒューリスティクスにもとづく価値判断は、間違いを犯すことが多いに違いありません。とは言え、正確な判断をするには時間がかかる上に、正しい答えが得られるとも限りません。それに対し、直感的にすぐに判断できるという点では、目についたものを基準に素早く反応することは進化の過程では生存に効果的だったのでしょう。

ここまで、トヴァスキーとカーネマンが検討した3つのヒューリスティクスについて紹介してきました。ヒューリスティクスは、学習にもとづく問題の解決方法などが成立していない場合に用いられる、手っ取り早い、「お決まり」の簡便な決定ルールでした。

人間の意思決定過程には、こうしたヒューリスティクスにもとづく判断以外にも、さまざまな、非合理的な判断の歪みをもたらす特性によって錯誤が生じることが知られています。次の章では、引き続き、そうした**認知的バイアス**や、それにもとづく認知的錯誤について紹介することにしましょう。

第五章　認知的バイアスに見る人間特性——思い込みと選択ミス

†プロスペクト理論と損失回避バイアス

前の章では、我々人間にとっては、確率的特性についての合理的な判断が困難であることを指摘しました。

ただし、合理的判断が困難になるのは事象の生起確率についての判断だけではありません。価値の判断においてもさまざまな非合理的な歪み、**認知的バイアス**が存在しており、同じ価値のものでも、状況によって価値が異なるように評価されることが知られています。

大事な価値判断において、自分ではそれなりに合理的判断をしているつもりでも、認知的バイアスによって歪められ、大きな誤りを犯しているかもしれないのです。

トヴァスキーとカウネマンは、さまざまな共同研究を行い、経済的な意思決定において人間の価値判断にどのような特性やバイアスがあるかを調べてきました。認知心理学を経済学に取り入れたその試みは「**行動経済学**」と呼ばれています。

トヴァスキーは1996年に早世してしまいましたが、カウネマンはその行動経済学における研究成果を評価され、バーノン・スミスとともに2002年にノーベル経済学賞を受賞しました。彼らや他の行動経済学者の活躍は、価値判断に関する特性の理解が実際の経済活動でも無視できないものであることを示しています。

トヴァスキーとカウネマンの代表的な成果が、価値と利得や損失との関係について扱った**プロスペクト理論**（図5-1）です。利益と損失を横軸に、価値を縦軸としています。原点に当たるのが参照点です。価値は、利益や富の絶対的な水準によって決められるのではなく、この参照点からの変化として判断されることになります。

たとえば、自分の財産が1年間で1億円から8000万円まで減る場合と、1000万円から2000万円に増える場合と比較したとき、どちらが好ましいように思えるでしょうか？

所有している富の絶対的水準としては、8000万円の方が2000万円よりもずいぶん多いことになります。だから、所有している金額だけで判断すれば、圧倒的に前者の方が好ましいということになるでしょう。

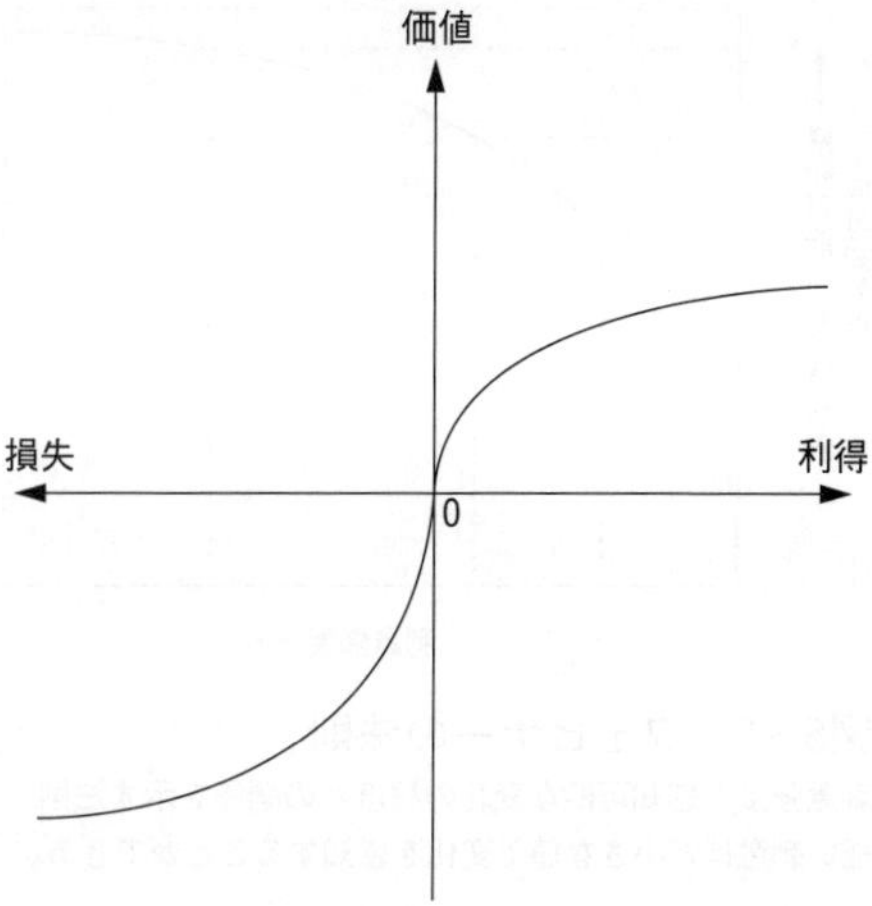

図 5-1　プロスペクト理論における価値関数

利得や損失が生じたときに、それがどの程度の価値に評価されるかを示す。

しかし、財産が1億円から8000万円に減る場合よりも1000万円から2000万円に増える方が好ましいように感じる読者が多いのではないでしょうか。それぞれの場合で1億円と1000万円が参照点となっていて、額の絶対値ではなく、参照点からの増加分と減少分とが価値判断を決定してしまうのです。

図5-1が示すように、利得も損失も参照点近くでは急激に変化

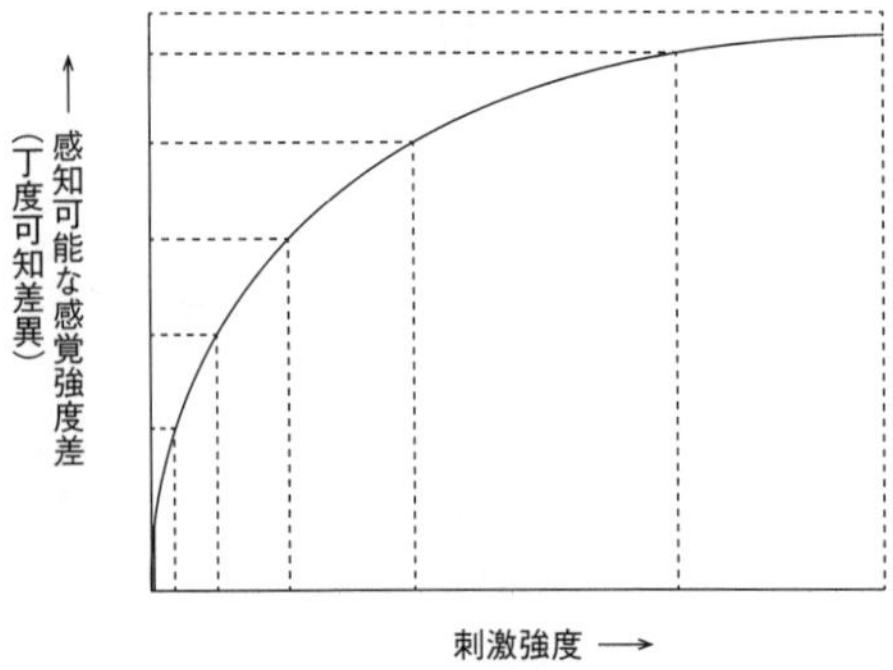

図5-2　フェヒナーの法則
刺激強度と感知可能な変化の程度との関係を示す法則。
弱い刺激ほど小さな値で変化を感知することができる。

し、利得と損失の値が大きくなると価値の変動の傾きは緩やかになります。弱い刺激ほど小さな値で変化が知覚できることを示したフェヒナーの法則（図5-2）とも似た特性と言えます。

すでに紹介したように、私たちは損失を利益より大きく判断しやすいという傾向（**損失回避バイアス**）があります。このバイアスに対応して、図5-1では、参照点からマイナス側の傾きがプラス側の傾きよりも急峻となります。この図においても、同額であれば利得よりも損失の方が大きく判断されやすいことを示しています。

このことは、確実な利得の価値が過大に評価されるという特性とも対応しています。このような特性があるため、確率は低くても大きな利得をねらうというリスクの高い行動パターンは避けられがちで、むしろ、小さくてもより確実な利得を得るという行動パターンがとられやすいのです。

†時間による価値変動と現在志向バイアス

引っ越しなど生活の転機となるような出来事を体験したときのことを思い出してみてください。引っ越しが決まったときは、新しい環境での生活を楽しみに感じていたことでしょう。

ところが、いざ出立の日が迫ってくると、感じ方が変わりやすいのです。

出立が近づくにつれ、引っ越しにかかわることのうち、厄介なことばかりが気になりやすくなります。持っていくものの整理や荷造り、引っ越し会社との交渉、それまで住んでいた住居の掃除などが膨大な作業に感じられ、また、新しい環境での近所付き合いがやっかいなものに思えてきたりするようになります。場合によっては、この引っ越しを決めなければよかったとさえ感じることもあるかもしれません。

同じように、当初は楽しみに感じていたのに、そのときが迫るとやっかいに感じられるということは、海外旅行やパーティーの開催、学校の入学、転職、家や車などの高額商品の購入などでも生じることがあります。

実は、私たちには、将来の事象の評価、価値判断をする際、そのことがらまで時間的に離れているときには大局的な視点からの評価をしやすいという傾向があるのです。それに対し、時間が経過して、その事柄が時間的に近づくにつれ、些末なことが評価に影響しやすくなるのです。

こうした心的状態の変化は、ちょうど、対象から空間的に離れていると全体像が見えるのに対して、その対象に近づくと微細な構造が見えるようになるのと似ています。空間的距離だけではなく、時間的にも距離が近づくと、大局的なことよりも些細なことが気になるのです。

主観的価値も時間によって変動します。実際には同じ価値であるものが、評価するタイミングによって大きくその価値を変えるのです。

たとえば、あなたが宝くじに当たって1万円もらえることになったとします。その支払いを1年間待つ代わりにいくらか増額されるとしたら、どの程度の増額が適当と感じられるでしょう? また、待つのが10年間だったらどの程度の増額が適当と感じられるでしょう?

同じような問いについては、すでに第三章において、トイレを我慢しながら判断すると、増額の程度が少なくても、長い期間待つ傾向が強められることを紹介しました。実は、この判断には、トイレを我慢しなくても、あるバイアスがかかわっているのです。

すでに紹介したように、待つことに対して適当と感じられる増額の程度は待ち時間の長さによって変動します。たとえば、ある人が、待ち時間が1年間なら1万2000円ほど欲しいと言ったとしましょう。この場合、増額分は2000円です。では、待ち時間が10年であれば、この人はどの程度の増額を望むでしょうか？　読者の皆さんも、どの程度の増額が期待されるか、考えてみてください。

1年間で2000円の増額ということは、1年間で20パーセントの利子ということになります。この利率で単純に計算すると、10年間の待ち時間に対応した増額分は5万1917円ということになります。

ところが、実験などで調べてみると、1年後に2000円の増額を欲した人が10年後に対価として適当と感じる額は通常もっと小さくなりやすいのです。読者も、この人が10年後に要求する増額分は5万円よりも小さいと予想したのではないでしょうか？

このことは、我々が適当と感じられる額は、時間経過によって一定の利子にしたがって

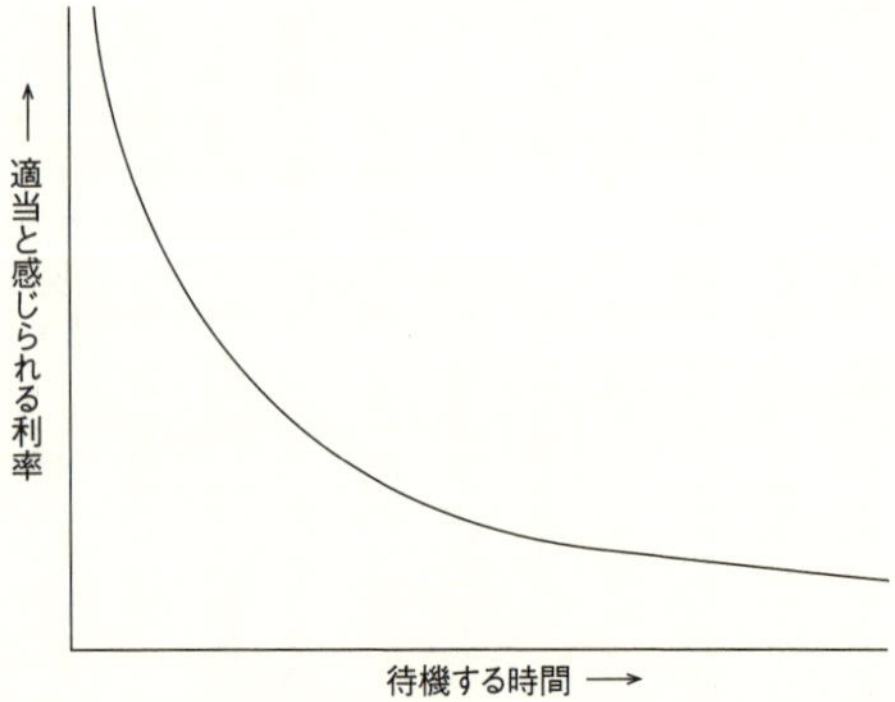

図 5-3　待機する時間とそれに見合うと感じられる利率との関係

増える銀行預金のような特性を持たないことを示しています。

実は、待ち時間が伸びるにしたがって、適当と感じられる増額に対応した利率は急速に変化するのです（図5-3）。この急速な利率の減少は、我々が現在の価値を将来の価値よりも重視する傾向を持つことを意味しています。このような価値判断のバイアスは「**現在志向バイアス**」と呼ばれる認知的錯覚の一つです。

このようなバイアスがあることは、人間が、将来の大きな利益よりも目先の小さな利益を優先しがちであることを意味しています。現在の価値を将来の価値よりも重視するバイアスが私たちの価値判断にあるのは、将来の状況が予測困難な生活環境を生き抜いてきたためと考えられています。将来の状態がわからないのであれば、まだ存在しない将来の利益よりも、現実にある目の前の利益の方が高く評価されるのは当然のことなのかもしれません。

しかし、このような価値判断におけるバイアスは、これまでの進化の過程では有効だったのかもしれませんが、長い時間にわたって時間や労力を投資することでより大きな利益を生むことが可能になった現代の生活においては、非合理的な判断のきっかけになり得ます。借金をして予想外の利子に苦しめられるのは典型的な例と言えるでしょう。

元金に対して利子による増額の程度が小さく見積もられるということは、自分が他の人にしている借金の利率に関しても共通して認められる特性です。借金をする場合、利子によって実際に返済しなくてはいけない金額がどの程度まで増額されるのかを事前に認識し、その増額が妥当なのか、自分の返済能力に見合っているのか、判断する必要があります。

しかし、のちに紹介する**自我防衛機制**によって、自分の能力に対しては過大に評価するバイアスもあります。現在志向バイアスとも相まって、甘い判断をする傾向があることも肝に命じておいたほうがよいのです。

†現状維持バイアス

人間には、現状によほどの問題がない限り、現在の状況の変化を望まず、現在の状況を改変するよりも（たとえそれが改善であったとしても）、その状態を維持することを好む傾向があります。この傾向は「**現状維持バイアス**」と呼ばれています。

第四章で紹介したモンティー・ホール問題で、選択を変更するかと聞かれた際に多くの人が選択を維持することを好みました。このことも現状維持バイアスに関連していると思われます。

カウネマンが指摘したように、人間は認知的に怠惰です。そのことを考慮すると、この現状維持バイアスは、状況を変えることで生じるかもしれない実質的な不利益や心理的負荷を避けようとする傾向の現れかもしれません。

実際、意志決定を長時間繰り返した後に個人の決定の質は低下することが知られています。意志決定は、それを行うためにある程度の認知的負荷がかかります。そのため、意思決定をすること自体が、それなりにストレスフルな認知課題と言えます。

多くの場合、省エネルギーで認知的負荷の少ないシステム1だけで駆動しようとしている認知系が、あえて高い負荷を負ってシステム2を駆動し、改めてさまざまなことを考慮した上で意思決定を行うことを避けるのは、それほど不思議なことではないのかもしれません。

現状維持バイアスは、物品の所有についての判断でも顕著に生じます。ある物品を所有している場合には、その物品を所有していない場合と比較すると、その物品を高く評価する傾向があるのです。

たとえば、若い頃に3000円で買ったCDが、今ではネットのオークションサイトで2万円程度で売れることを知った場合、そのCDを売って2万円を手に入れようと思うでしょうか？　もちろん、そのCDに対する思い入れにもよるでしょうが、多くの人がそのCDを売らずにそのまま保有することを選択するのです。

実は、保有しているものを売却することで利益を得るにもかかわらず、保有しているものを手放すことは得られた利益以上に大きな損失として感じられやすいという傾向があるのです。

もちろん、得られる対価がどんどん大きくなれば、手放すことで生じる損失より売ることで得られる利益が大きく評価されることになります。しかし、ある物品に対して自分が買い手の場合に払ってよいと考える金額に対して、売り手の場合にその品物を手放してよいと感じる金額は大きくなりやすいのです。

たとえば、さまざまな物品やサービス、生活環境などについて調べた研究での平均では、自分の持っているものを約7倍高く見積もる傾向があり、特に、生活環境に関することがらについての判断ではこの比率が大きくなりやすいことがわかっています。このように、ある物品を所有している場合には、そうでない場合と比べてその物品を高く評価する傾向があります。これは「**保有効果**」と呼ばれ、価値に関する認知的錯覚の一つと見なされています。

†信念の維持と確証バイアス

我々人間には、自分が信じていることを否定するような出来事や事柄の経験は認知されにくいし、記憶もされにくいというバイアスがあります。ものごとがどのような特性を持っているかについて信じている内容のことを心理学では「**信念**」と言います。

我々には、自分の持つ信念に合わないことは認識されにくいという特性があります。仮にその事柄が認識されたとしても、記憶には残りにくいのです。

逆に、自分の持っている信念に合致することが生じた場合は認識されやすく、記憶にも残りやすいのです。そのため、いったん獲得された信念は強化されやすく、破棄されにくいことになります。このような信念の維持されやすさは、「**確証バイアス**」と呼ばれる認知的錯覚の一つです。

実際の事柄と対応しない信念は「**迷信**」と呼ばれます。迷信も信念です。そのため、いったん獲得された迷信は確証バイアスのため、なかなか修正したり捨てたりできません。

たとえば、日本には血液型性格判断というローカルな迷信があります。血液型性格判断というのは、赤血球における糖質のタイプにもとづいて分類されるＡＢＯ式の血液型と性格型が対応しているという内容で、多くの読者も聞いたことがあるでしょう。

そもそもＡＢＯ式の血液型とは、遺伝によって決まる赤血球の表面上の多糖体の量や配置に関する特性です。エコノミークラス症候群の発症のしやすさや怪我をした時の血の固まりやすさなどとの対応関係がわかっています。たとえば、エコノミークラス症候群の発症のしやすさに関連したところでは、Ｏ型で血栓が生じにくいのに対し、他の血液型では血栓ができやすく、特にＡＢ型で血栓による血管閉塞のリスクが高くなることが知られています。他方、出血による生命のリスクは、Ｏ型で高くＡＢ型で低くなるようです。

各個人について、血液型が何かは、血液検査をすれば簡単に特定できます。性格と対応しているのであれば、適材適所を素早く判断する上で便利なことでしょう。

この血液型と性格との対応関係については、もともと徴兵された大勢の兵士を簡略な性格判断により適切な部署に配属する目的で、大日本帝国陸軍に注目されたものでした。大量の新兵を召集し、短い時間の間に適切に編成を決定しなければいけない場合、簡単に決定できるような材料があれば役に立つはずでした。1920年代に実際に用いられたこともありました。しかし、思ったような効果が得られなかったので、数年で廃止されたという経緯があります。

その後も、血液型と性格判断との対応関係を調べた心理学的研究は数多くありますが、これまでのところ、血液型と性格特性との間に何らかの対応関係を見出すことはできず、繰り返し否定されてきています。

心理学の領域では、血液型と性格との対応関係の基礎にどのような性格決定のメカニズムがあるのか、性格判断の精度はどのようにすれば向上するのかについて実質的な理解がほとんど得られていないので、科学的仮説としてもほとんど役に立っていません。

そのため、多くの心理学者が、この説が信憑性《しんぴょうせい》に欠けるものであることを機会があるごとに主張してきています。ところが、血液型性格判断は高度成長期にテレビや雑誌などで頻繁に取り上げられたため、今でもこの迷信を受け入れている人が少なからずいるのが現実です。

どうして、科学的には何度も繰り返して否定されていることが、長く社会的影響を持つようなことが起こるのでしょうか？

この血液型性格判断の「迷信」の維持に、確証バイアスが深くかかわっているものと考えられます。それぞれの血液型に割り当てられている特性は、几帳面だったり、おおらかだったり、マイペースだったり、優柔不断だったり、多かれ少なかれ誰でも持つものです。ところが、誰でも持つ特性だとしても、たとえばA型はこういう人だという信念に合う行動パターンは、確証バイアスによって認知されやすく、記憶にも残りやすいことになります。逆に、信念に合わない行動パターンは認知されにくく、たとえ認知されたとしても記憶に残りにくいことになります。

このように、確証バイアスによって、他者であれ自分であれ、どうしても信念に合った行動パターンばかりが記憶され、しかもその過程で信念もどんどん補強されることになるのです。それに対し、信念に合わない行動パターンは無視されやすいため、その誤りも気づかれにくいことになります。

血液型性格判断は、知らない者同士の話題を作ることに寄与するという利点はあるかもしれません。しかし、血液型は個人の能力や特性とは関係なく、遺伝的にあらかじめ決められた特性であり、自分の努力で変更できない特性です。血液型によって就職や職場内での配置が影響を受けることがあるとしたら、やはり無視できない問題だと言わざるを得ません。

なお、血液型性格判断を信じているかどうかは、個人の心理的特性を判断する材料としては有効です。実は、血液型性格判断の信念を持ち続ける人（信じている人）は、他の迷信にもとらわれやすいことが指摘されています。血液型性格判断を信じるということ自体が迷信へのとらわれやすさの目安となり得るのです。

†自我防衛機制とリスクの回避

個人の判断に大きく影響を及ぼす要因の一つに「自尊感情」があります。自尊感情とは、自分自身が意義のある存在であるとする感情的判断のことです。この自尊感情に関連して、確証バイアスにも似た認知的バイアスがあります。

実は、私たちは、自尊感情を傷つけないように、自分の失敗はあまり認知しませんし、記憶もしません。うまくいったことだけ覚える傾向があります。

自分の引き起した出来事に対するこのように都合のよい認知を行う傾向の基礎には、**自我防衛機制**という自尊感情の保全の仕組みがあると考えられます。おそらくは、自分の本当の能力を正当に評価することは、自我の安定にとっては厳しすぎることなのでしょう。

この自我防衛規制には、さらにやっかいな特性があります。自分の信念と一致しない情報の提供者や、自分が高く評価しているものの価値を低下させる人やものについては、心的価値を落としたり、嫌いになったりしやすいのです。

これは、自分が信じていることがら、自分が高く評価している対象と、その対象を低く評価する情報やその情報の発信源の両方を認めることで生じる認知的な不協和を避けるための自動的調整によるものと考えられています。

失敗を起こすかもしれないという、自分に不利な情報も自尊感情を傷つけることになります。そのため、失敗のしやすさ自体、一般的には認知されにくく、記憶されにくくなります。逆に、自分に都合のよい情報は、他の情報よりも認知されやすく、記憶もされやすいのです。

このような特性があるため、人間には失敗のリスクを過小評価しやすく、そのことによって、かえってリスクが大きくなりやすいという困った特性があります。失敗が致命的な問題に発展する可能性がある事柄ほど、人間のこのような特性を考慮し、潜在的な危険性のリストや過去の失敗経験の正確な記録を参照できるような工夫が必要でしょう。

私たちには自分の能力を過大評価するために、計画を達成するのに必要な時間を実際よりも短く見積もる傾向があります。

これは「**計画の誤謬**《ごびゅう》」と呼ばれる認知的バイアスです。このバイアスがあるため、課題遂行に十分な時間が残っていない事態が多くなりがちです。

また、自分にとって価値は高いが、努力なくしては達成が難しい課題に関しては、それに取り組むのを先延ばしにされやすい傾向があります。

もしその課題をうまくやり遂げられなかった場合、自分にはその能力がなかったことが明らかになります。自分の能力の欠如を認めることは、自尊過剰を傷つけることになってしまいます。

そういう事態にいたらないようにするには、本来であれば、十分な時間をとって、その課題に取り組むのが望ましいでしょう。でも、多くの場合、別の行動パターンが採られるすいのです。

　ギリギリのタイミングまでその課題に取りかからず、先延ばしするということになりやすいのです。

　これは、自我防衛機制が機能して、その課題をやり遂げることができなかったとしても、それは、自分に能力がなかったからではなく、短期間での達成という不利な条件のせいにできる余地を作ってしまおうとすることで生じる傾向と考えられています。

　こうした自我防衛機制が機能してしまうと、実際には能力があっても、課題をやり遂げられなくなる可能性は高くなってしまいます。それでも、自我にとっては、傷つかないことの方が大事なので、同じような失敗が繰り返されることさえあります。

　このように、自分に不利な条件を作り出して、自尊感情が傷つくのを避ける行動パターンを「**セルフハンディキャップネス**」と呼びます。

　こうした自我防衛機制があるため、私たちは、自らの能力を実際よりも高く見積もっているという前提を持った方がいいのかもしれません。剣豪の宮本武蔵の『五輪書』には「己に贔屓《ひいき》せざることこそ肝要也」とあります。実際に命のやりとりを要求されるような場数を重ねた彼は、戦いを制し、生き残るためには、自我防衛機制による慢心こそ特に警戒すべきものと認識し、そのことを後人に伝えようとしたのでしょう。

†メタ認知に関するバイアス――ダニング・クルーガー効果

自分自身の認知的状態についての認知を「**メタ認知**」と呼びます。自分自身に、どの程度の知識があるのか、どの程度のユーモアのセンスがあるのか、自分はどれだけ論理的な思考が得意か、などといった認知はすべてメタ認知になります。

このメタ認知にも興味深いバイアスがあることが知られています。簡単にまとめると、「さまざまな認知能力に関して、その能力の低い人は、自分自身の能力の低さについてのメタ認知に失敗し、自分の能力を実際よりも高く評価する傾向がある」という内容のバイアスです。

このため、能力がない領域の事柄ほど、自信満々に間違った判断をしやすくなります。この認知的バイアスは、発見者のダニングとクルーガーの名前から「**ダニング・クルーガー効果**」と呼ばれています。彼らの研究は2000年のイグノーベル心理学賞を受賞したので、ご存知の方もおられるかもしれません。

特定の認知能力について、その能力が低いほど、自分自身がどの程度のことを知らないのか、自分自身の能力がどの程度低いのか、他の人たちの実際の能力がどの程度なのか、などといったことについて正当に認識できません。自分がどの程度の能力があるかを認識するには、その領域に精通している必要があるからです。

こうした特性に関する研究では、テストの成績の悪かった学生ほど自分の得点を高く見積もる傾向があること、チェスのプレイヤー、医学生、運転免許証の更新に臨む高齢者に関しても、成績の劣る者ほど自分の力を過大評価していたことが示されました。

これらの研究からわかることは、私たちは、能力がないことによって不安になったりうろたえたりするのではなくて、逆に、能力がないために、不適切な自信を持ってしまうということです。

ある領域に関しては十分なトレーニングを積んだ専門家であっても、他の領域の事柄について、とても信じられないような馬鹿げた判断ミスを自信満々に行うようなこともあるでしょう。まさに生兵法《なまびょうほう》は怪我のもとということになります。

このようなメタ認知の誤りを避けるための方法として、ダニングは、自分が見当違いの判断を行っていないか、自分は間違ってはいないかをしばしば自問することを勧めています。また、「知らない」ことを認めることは失敗ではなく、成功への道筋となり得ることを指摘しています。

†認知的バイアスは、いつでもどこでも誰にでも

ここまで、いくつかの認知的バイアスを紹介してきました。認知的バイアスについては、すでにすべてが見出され、リストアップされているわけではありません。おそらくは、これからも、私たちが新しい生活環境の中で生きていく過程で、新たに見出されることになると思われます。

そこで、現代の日常生活における、影響力の多そうな認知的バイアスについて、いくつかリストアップし、その特性について簡単に解説しておきましょう。

まず、私たちには、自分自身には悪い事は起きない、と考える「**楽観主義バイアス**」があります。実際には、かなり危険な状態にあっても、そのことに気づかないこと、あるいは、気づいていても認めようとせず、自分にとって都合よく解釈してしまうのです。

また、異常な状況を目にしても、それを通常の日常的状況の延長上のことがらと見なし、状況の危険性を過小評価してしまう傾向があり、「**正常性バイアス**」と呼ばれています。

この世界は、行いや努力に対して公正な結果が返ってくる、すべての正義は最終的に報

われ、すべての罪は最終的には罰せられる、と考える認知的バイアスが、「**公正世界仮説**」です。このバイアスに強く影響されている人は、社会的弱者に対して、彼らが苦しんでいるのは、苦しむに足る理由があると考える傾向が強くなります。

自分自身とはまったく接点がなく、実際にはまったく状況に影響を与えることができない対象について、自分や、自分が属している集団がコントロールできると判断する傾向があります。これは「**コントロール幻想バイアス**」と呼ばれています。

たとえば、自分が買う宝くじの当たる確率を、実際よりかなり高く見積もることを例に挙げることができます。時間や労力をかけるほど、成功の確率を実際よりも高く見積もることになりがちです。

集団で行動する際に認められるバイアスに「**同調**」があります。これは、周囲に多くの人がいる環境で自分の行動を決定する際に、周囲にいる他の人たちの一般的な行動に同調するというバイアスです。より多くの人が同じような行動をしている場合、その行動に同調しやすくなります。また、社会的な地位が高い人ほど大きな同調効果を引き起こすようです。他方、一人でも例外的な行動をとるものがいると効果は減少します。

集団で共同の作業にあたる際、集団の人数が増えるほど、各人が費やす労力が減る、つまり、手を抜いてしまう傾向があります。そうした行動特性は「**社会的手抜き**」と呼ばれています。典型的には、綱引きのような多人数での力作業で認められます。

ただし、こうした特性が認められるのは肉体的な活動における共同作業に限られません。ブレインストーミングのような頭脳労働においても、社会的手抜きが認められるのです。つまり、集団でものを考える際も、人数が増えれば増えるほど、各人はあまり真剣に考えなくなるということが起こるのです。やっかいなのは、自分自身では、手抜きをしていることについての自覚はない場合が多いということです。

集団で意思決定を行う際、集団への帰属意識が強くなると、集団の力を過信しやすく、楽観的に判断しやすくなる傾向が知られています。また、集団で下した意思決定について、疑う余地のないものと判断し、その判断に反するような情報を過小評価しやすくなります（これには、確証バイアスもかかわっているものと思われます）。

さらには、集団の主要な意思決定に異論を唱えるメンバーに圧力をかけたり、自分自身でも異論を出さなくなったりする傾向があります（自己検閲）。

こうした一連の傾向は「**集団浅慮（集団思考）バイアス**」と呼ばれています。

†認知的バイアスと産業事故

ヒューリスティクスや認知的バイアスがあっても、人間が今までこの地球上に存在してきたということは、これらにもとづく判断にそれなりの適応的合理性があったのだと思われます。しかし、状況によっては、生存にとっては不適切な結果にいたることもあり得ます。

実際、ヒューリスティクスや認知的バイアスによる影響を受けた判断が、これまでに多くの人を巻き込む、致命的で深刻な産業事故を起こした可能性があることが、いくつもの研究によって指摘されています。

たとえば、1997年の「テネリフェ空港ジャンボ機衝突事故」に関しては、事故調査委員会により、運行の遅れによって生じる経済的損失を避けようとする損失回避バイアスと、パイロットによる楽観的な見通し（楽観主義バイアス）にもとづいて離陸を強行したことが主要な原因であったことが指摘されています。

管制官の許可もなく、パイロットが離陸を強行するというのは、普通に考えれば、あり得ない判断です。しかし、損失回避バイアスによって、損失を回避できそうだと思えば危険追求的になる傾向が強められてしまうのです。にわかには信じがたいことかもしれませんが、これは人間一般の行動特性なのです。

1986年に発生した「スペースシャトル・チャレンジャーの爆発事故」に関しては、確証バイアスと集団浅慮バイアスが事故の主要な原因となったことが指摘されています。

この事故に関しても、調査の結果、実は、発射前に、ロケットの推進器メーカーのスタッフが、低温下での発射が固体燃料補助ロケット・ブースターのO《オー》リングに不具合を引き起こし、爆発するリスクを指摘していたことがわかっています。

NASAでは、問題点がある場合や意見の不一致があれば、それを解決し、全員が同意するまで議論するというルールを作っていました。しかし、実際には、危険を指摘したメンバーが圧力をかけられて反対意見を言いにくくなったり、グループの判断に対立する意見を出さないようにしたメンバーが複数いたようです。結果として、自分たちの力を過信し、打ち上げのリスクを過小評価し、自分たちの意思決定の合理性について疑う余地のないものと判断してしまったのです。

2011年の東日本大震災の際に起こった福島第一原発事故では、過去の地震や津波の情報を防災に活かしきれていなかったことが指摘されています。

日本国内では、加速度1000ガル（地震の揺れの強さを示す単位）以上の地震が21世紀になってからさえ4回も生じていました。それにもかかわらず、「日本の原発は安全」という「神話」がまかり通り、日本にある原子力発電所の耐震強度が最も大きくても600ガル（浜岡原発）に設定されていたことは、それほどの大きな地震は生じないだろうという楽観主義バイアスや、より強い地震に対する対策をとることで生じる経済的負担を避けようとする損失回避バイアスがかかわっていたように思われます。東日本大震災では最大2933ガルを記録しています。

過去には地震によって巨大な津波が生じていたことはさまざまな場面で、何度も指摘していたにもかかわらず、十分な対策が取られることがなかったことには、「安全神話」を維持できる情報だけに注目し、それに反する情報やその情報源を否定する確証バイアスの陥穽《かんせい》に電力会社や官僚、為政者や地域住民が落ちていたように思われます。

おそらく、これまでの人間の生活の中では、認知的なバイアスによって判断の間違いが起こったとしても、それほど大きな問題に発展しなかったのでしょう。しかし、ここで紹介したような大規模な産業事故は、文明の利器を使用することで、個人や集団の意思決定の誤りが、かつてないほどの問題を引き起こし得ることを明示しています。

大規模な産業機構を扱うことによって生じる危険が、自己の自尊感情の損壊とは比べ物にならないほど深刻な事態に発展する可能性がある場合、状況の危険性を客観的に評価する仕組みを導入する必要があると思われます。

†災害と正常化バイアス

私たちの生活の中のリスクに関しても、認知的バイアスがかかわっていることがしばしば指摘されています。

たとえば、豪雨などの自然災害の際、県や市といった自治体から避難の指示や勧告が発令されることがあります。しかし、住民にこうした避難指示や勧告などの情報が伝わっていたとしても、住民の適切な避難行動の喚起につながらなかったことで、災害の規模が拡大してしまう事例が数多く報告されてきています。

こうした避難指示の困難の問題の根底には、いくつかの認知的バイアスが関与している可能性があります。

２０１８年7月、西日本で豪雨によって多くの方が被災されました。痛ましいことに、浸水や土砂災害などで２１７名（２０１８年7月31日時点での集計）が亡くなられました。

この豪雨災害に際して、自治体から出された避難の指示を知っていたにもかかわらず、避難行動を起こすことなく被災した住民が多かったことが報じられています。

たとえば、中国新聞の報道によると、広島県熊野町川角《かわすみ》地区では、土砂災害により、12人が死亡しました。さらに、50人程度が逃げ遅れて一時孤立していました。

土石流によって自宅周辺が土砂に埋まって孤立し、翌朝自衛隊に救出された川角地区の住民は、6日午後7時40分に避難指示をテレビで見ていました。しかし、その際はあまり気にせず、「自分のところは大丈夫だろうと思っていた」と語っています。また、避難の呼びかけを聞いてから風呂に入った男性もいたといいます。土石流は、その後、午後8時20分頃から発生したと見られています。

この川角地区は、自主防災組織による夜間避難訓練が町内で初めて実施されるなど、防災に力を入れた、いわば「防災先進地区」とされていました。防災意識は高いはずの地区であったにもかかわらず、避難指示に気づいた住民が避難しなかったという事実は、住民への危機意識の浸透や、避難指示を実際の避難行動に結びつけることがいかに難しいかを示しています。

災害が予期されており、実際には危険な状態にあるにもかかわらず、避難などの適応的行動が採られないことについて、すでに紹介した認知的バイアスのいくつかがかかわっているものと思われます。

すでに何度も指摘したように、我々は認知的に怠惰です。そのため、いつもと異なる状況下においても通常と異なる行動を選択することを忌避する傾向があります。

すなわち、自らの置かれている状況が通常から大きく乖離しているにもかかわらず、**現状維持バイアス**により、その状況に対応した新規な行動を行わず、現状の継続や維持を選択してしまいがちです。

また、自らの周辺に通常と異なる事態が発生し、身に危険が迫っているにもかかわらず、**正常化バイアス**により、状況を通常通りのものと判断する傾向があります。

仮に、自分の周囲にある何らかの危険の兆候が認識されたとしても、**楽観主義バイアス**により、事態の推移について楽観的な見通しを持ちやすいのです。深刻な危険が迫っていることを示す情報があったとしても、**確証バイアス**により、楽観的な見通しに沿わない情報は認識されにくいことでしょう。

さらには、特に自分が一人ではない場合、周囲の人たちの行動に影響を受けやすいという**同調バイアス**がかかわります。たとえ自治体などから避難指示が出たとしても、周囲の人たちが誰も避難をしていなければ、自分が率先して避難しようとすることはあまり生じないでしょう。

事態が進展していよいよ深刻な状況となり、避難の必要性が認識されたとしても、すぐに避難行動に移るとは限りません。**コントロール幻想バイアス**により、自分自身が状況をコントロールできていると判断しやすく、避難のタイミングは遅れがちになるのです。

また、**損失回避バイアス**により、自分の所有物を失うことを極端に忌避することになるでしょう。このバイアスのため、避難に際して自分の持ち物（家や家財など）を失いたくない、あるいは無傷な状態にしておきたいと考えることで、家屋の保護や家財を階上に上げる作業など、所有物を保全するための行動を避難に優先させることも避難行動が遅れる原因となります。

計画の誤謬により、避難の準備や、避難にかかる時間が過小評価されやすくなります。そのため、避難行動の開始は適切な時間帯を過ぎかねません。また、避難自体にも、思ったよりも長い時間がかかり、結果として、避難の途中で被災しかねません。

さらには、家族や学校、会社などにおいて集団行動を実施している場合、**集団浅慮（集団思考）バイアス**により、避難の時期についての判断を誤りやすくなることが予測されます。

豪雨などの自然災害時、自分の周囲の状況が深刻なものになる前に、早めに避難行動を採ることが望ましいのですが、ここまで紹介してきたように、さまざまな認知的バイアスによって、そもそも我々は避難行動に対して腰が重いのです。

避難指示情報を発信する側は、住民がその指示によって適切な避難行動を採ることはそもそも簡単ではないこと、効果的な避難行動を喚起するためには何らかの工夫が必要であることを認識しておくべきです。

†避難行動の喚起――認知的バイアスを超えて

では、どのような対策をとると、避難行動が喚起されるでしょうか？

さまざまな対策があり得ると思いますが、ここでは、別の認知的バイアスを活用することの可能性を指摘したいと思います。「毒をもって毒を制す」のような対策、と言えるかもしれません。

たとえば、家屋や家財の損害を避けようとするような損失回避バイアスが、避難行動を遅らせることを指摘しましたが、同じ損失回避バイアスを、避難行動を喚起するのに使える可能性があるのです。

損失回避バイアスによって、誰もが、失うものの価値を過大に評価することになります。また、損失を避けるためにはリスクを犯すことも厭《いと》わなくなります。こうした特性を利用するのです。

つまり、損失を予期した人は、損失回避バイアスによって損失を回避する行動を起こしやすくなります。そのため、避難をしないと、あるいは避難が遅れると、命や家族など、家屋や家財といった目の前にある物品よりもずっと高価なもの、大事なものが失われる可能性が高まることを指摘するのです。高価で大事なものを失わないための方策として素早い避難行動を指示すると、「無駄足」を踏むリスクを冒してでも避難行動を起こしやすくなるものと期待できます。

同調バイアスについては、周囲に先んじて自分だけ避難することを困難にする可能性を指摘しました。しかし、自分以外の多くの者がすでに避難行動を起こしていると認識すれば、同調バイアスによって、それと同様の避難行動を誘発しやすくなります。

たとえば、実際に避難をしている人たちの行動を見せたり、あるいはその映像を見せたりすることで、それを見た人に避難行動を促すことになるでしょう。それができない場合には、音声や文章、放送などで、すでに多くの人たちが避難したこと、避難しつつあることを伝えることでも、避難行動を促すことになります。

さらには、まだ避難行動を起こしていない者がすでに少数だと思わせることができれば、避難行動を強く誘発するはずです。

また、危険の兆候が認められた場合、あらかじめ早めに避難行動を採ることを自治会などの集団内でルールとして決めておくことは避難行動を喚起するのに有効と考えられます。たとえば、状況がそれほど深刻ではなくても、何らかの客観的基準を満たせば避難を始めるというルールを決めておくのです。

そうしたルールは、自分一人で決めてもなかなか実行できません。ところが、集団で決められたルールは、その集団への帰属意識が高いほど守られやすいのです（集団浅慮バイアス）。

普段から自治会で集会を開いたり、集団で避難訓練を行ったりするといった帰属意識を高める工夫と、こうしたルールを組み合わせれば、さらに効果的に避難行動を誘発することも可能です。

これまでに紹介した複数の認知的バイアスを組み合わせることも、避難行動を誘発するのに有効です。また、他にも避難行動を誘発する上で有用な認知的バイアスがあることでしょう。

なぜ適切な避難が困難であるかを理解し、有効な避難指示の手法を確立するためにも、人間の認知的バイアスについてはさらに理解を進める必要があると思われます。

第六章

改変される経験の記録——記憶の誤りとでっちあげ

この章では、記憶における錯誤について紹介します。

過去の出来事についての記憶も、その出来事についての情報がそのまま保持されるのではなく、あとから得られた情報によって変更されることがあります。また、実際に生じなかったことであっても、ある出来事についての話を聞いたり、そのことを想像したりすると、その出来事を見聞きしたような記憶がでっち上げられることがあります。

そのため、ある記憶を持っているとしても、必ずしも、実際に、その記憶にある体験をした証拠にはならないのです。

†世界5分前仮説

「世界は実は5分前に始まったのかもしれない」という仮説を聞いたことはあるでしょうか？　この「**世界5分前仮説**」として知られている仮説は哲学者のバートランド・ラッセルが提起したものです。

ここで言及されている「世界」は、「私の世界」、「あなたの世界」といった個人的な世界ではなく、まさに「この世界」すべてのことです。

ラッセルは以下のように論じています（竹尾治一郎訳『心の分析』勁草書房、188ページ）。

記憶－信念を構成するすべてのものは、いま起こっているのであって、その信念が言及するといわれる過去の時に起こったのではない。想起される出来事が起こったということは、あるいは、そもそも過去が存在したということでさえ、記憶－信念の存在にとっては論理的に必然的なことではないのである。世界は五分前に、正確にその時そうあった通りに、まったく実在しない過去を「想起する」全住民とともに、突然存在し始めたという仮説に、いかなる論理的不可能性もない。異なった時に起こる出来事の間には論理的に必然的な結合はない。故に、いま起こっている、あるいは、未来に起こるであろう、いかなることも、世界が五分前に始まったという仮説を反証することはできない。よって、過去の知識とよばれる出来事は、過去とは論理的に独立であるそれらの出来事は現在の内容に完全に分析されうるものであり、そしてその現在の内容は、理論的には、かりに過去が存在しなかったとしても、ちょうど現にあるようなものであるかもしれない。

つまりは、いまの時点での「〜について知っている」という信念を持っていたとしても、その信念の存立基盤はあくまでも現時点にあるのであって、その信念を持っていること自体が、そうした信念の確かさを保証するわけではない、というのです。知識や信念や、それらが基礎を置く記憶が確かかどうかは、それらの存在自体で証明されるわけではなく、知識や信念の内容に関する事実に照らした検証を必要とするということです。

この世界5分前仮説は直観的にはずいぶんと奇妙なものと言えます。あなたには5分よりもさらに以前の記憶があるはずです。5分どころか、通常は数年前、数十年前の事柄に関する記憶もあることでしょう。

そうした記憶から判断すれば、あなたの住むこの世界は、どう考えたって、あなたが生まれてから今にいたるまでは存在していたはずです。それどころか、あなたが生まれるためには、その両親や、さらにはまたその両親がいたはずで、それだけ考えても数世代にわたってこの世界は存在していたはずです。

さらには、人間が出現する前にはさらに長い生物進化の時間があったはずです。こうしたことだけ考えても、「世界は実は5分前に始まったのかもしれない」という仮説に検討の余地があるようには思われないことでしょう。こんな直観に反する仮説なんて簡単に否定できると考えられる読者も多いと思います。

しかし、ラッセルが指摘するように、この仮説を論理的に否定するのは困難です。なぜなら、私たちには「過去が存在した」ということを証明することが難しいからです。

たとえば、あなた自身に5分以上前の記憶があるということは、この仮説にとって何の反証にもなりません。なぜなら、あなたの今の記憶は、実は、何らかの方法によって植えつけられた偽ものかもしれないからです。この世界は、そうした偽の記憶を持った状態のあなたを含んで5分前から突如始まったとしたら、それより前の記憶や、それより前の事柄についての知識があったとしても、そうしたこと自体は5分前よりも以前にこの世界があったことを保証するものではありません。

さらには、私たちに父母や祖父母がおり、それ以前にも多くの世代や、長い生物進化の過程があったこと、我々の住む地球や太陽系、天の川銀河の成立に長い「天文学的」時間が経過したという想念も、その際に、偽の記憶とともに我々に植え付けられたものかもしれません。これらのことも、我々の記憶が偽りのものであることを反証するのが難しいのと同様に、論理的に否定することは難しいのです。

論理的には、「世界5分前仮説」は「世界1分前仮説」でもいいし、10秒、いや、実は「世界1秒前仮説」でも成立してしまいます。

第四章で、〇次元的なその都度の知覚情報から、複数の事象間の時間間隔や主観的時間の進行速度などの一次元的な時間特性を推測するのは難しいことを指摘しました。このような推測は、正しい答えを導くための十分な情報がない「不良設定問題」です。その都度の瞬間に持っている想念の内容が、それより過去に体験した事柄と対応していることの確かな証拠もありません。

このこと自体は、5分前の過去であれ、1秒前の過去であれ、変わるわけではありません。その都度の瞬間、私たちは自分の持っている想念だけで過去の存在を証明することは難しいのです。

とはいえ、私たちの記憶している内容は、通常はそれなりに、過去に生じたこと、過去に体験したことと対応しているのではないでしょうか？　だからこそ、私たちは、現在のような人となりをもって、生活しているのではないでしょうか？　おそらくは、そうした直観はそれなりに妥当と思います。

†記憶の不確かさ

この「世界5分前仮説」を提起したラッセル自身も、世界が5分前に始まった可能性を真面目に考えていたわけではありません。彼は、私たちの知識や記憶の論理的な問題点を整理するために、この仮説を思考実験として提案したのです。

この仮説は、それ自体を確実に否定する事（つまり世界は5分前にできたのではないということ、過去というものが存在すると示すこと）が不可能であることを論理的にデモンストレートし、記憶や、それにもとづく「知識とはいったい何なのか？」という根源的な問いへと我々を誘ったのです。知識は、そしてまた、その基礎にある記憶は、持っていること自体でその内容の確かさ、その内容が事実であることを保証するものではないのです。

実際、記憶の特性をいろいろ調べていくと、記憶を持っていること自体が、過去にその記憶内容に対応した事柄を体験したことの証拠にはならないことがわかってくると思います。世界5分前仮説は、生活する上で心配すべき事柄を提示するものではありませんが、記憶は、私たちが無条件に信頼できるほど確かなものではないのです。

心理学領域における記憶に関する研究成果を見ても、自分の記憶が真実であることを、自らの記憶のみにもとづいて証明することは難しいことです。逆に、あなたが思い込みででっち上げた記憶が誤りであることを、客観的記録に頼ることなく指摘することも難しいのです。

記憶のこうした特性を明確にするためには、実際の事象を明確に規定し、記憶の内容がそれと一致するか否かを検証する実験が有効です。

†虚記憶——実際にはなかったことについての記憶

実際にはなかったことを、あったこととして思い出すことは、心理学の領域では「**虚記憶**」と呼んで、多くの研究が行われてきています。私たちは、実際には経験していないことを、経験したこととして誤って思い出すことがあるのです。しかも、時として、この想起には強い確信が伴うこともあります。

「なかった過去の記憶」である虚記憶はラッセルの「世界5分前仮説」で想定されただけではなく、実際に、私たちの日常生活の中でも起こり得ることです。また、私たちは、この虚記憶によって、すでに少なからぬ影響を受けて生きていると思われます。

しかも、そうした虚記憶を、ある程度狙った通りに引き起こすことができることも、これまでの記憶に関する心理学的研究によって示されてきています。

†虚記憶を人為的に引き起こす実験

これまでの虚記憶に関する研究によって、いろいろなアイテム（実在したもの）や状況からの無意識的な連想が、実際にはなかった事柄についての記憶、虚記憶を引き起こしやすくすることがわかってきています。

虚記憶を高頻度で生起させる実験があるので紹介しましょう。

記憶についての心理学的研究では、従来、有意味、無意味な単語や文字列を記憶させ、しばらく経ってから、学習した事柄をどれだけ覚えているかについてのテストを行い、そのテストの成績にもとづいて記憶過程の特性を整理します。

テストでは、**再生**や**再認**といった方法を用いる研究が多く行われています。再生とは、覚えた事柄を紙に書き出したり、言葉で言ったりする方法です。再認とは、学習されたものやそうでないものを提示し、それが覚えたものの中に入っていたか否かを答える方法です。一般的に、再生より再認の方が正答率が高くなることが知られています。

虚記憶についても、こうした従来の記憶研究と同じように、記憶とテストの2段階を設けた実験が多く行われています。

たとえば、文字列を用いて虚記憶を引き起こす実験では、最初に記憶される有意味な文字列の中に「**ルアー語**」が設定されます。ルアーとは魚釣りなどで用いられる疑似餌《ぎじえ》のことです。例として、ルアー語を「礼儀」とした場合の実験の流れを示しましょう。あらかじめそのルアー語からよく連想される語を調べておきます。たとえば、何人かの人に、「礼儀」という語から連想される別の単語を列挙してもらい、出現頻度が高いものをルアー語の「**連想語**」とするのです。

実験では、参加者に、この連想語のリストを覚えるように何度か見せます。たとえば、ルアー語である「礼儀」の連想語として、「挨拶」「おじぎ」「エチケット」「正しい」「守る」「大切」「固苦しい」などを見せて覚えさせるのです。この際、ルアー語は提示される単語のリストには含まれていません。

その後に、参加者に計算課題などを行わせて少し時間が経った後、記憶した語を再生や再認を使って参加者に報告させるテストを実施するのです。このテストの際に、実際には提示されていないルアー語が高い確率で思い出されることになります。この虚記憶の形成方法は、こうした方法を構築した3名の研究者の名前（Deese, Roediger, McDermott）の頭文字から「**DRMパラダイム**」と呼ばれています。

DRMパラダイムを用いて実施された実験が示すのは、実際には見ていなかったにもかかわらず、かなりの頻度でルアー語を見た記憶が形成されるということです。こうした方法を使って、日常生活における虚記憶の形成の基礎にある過程が調べられてきています。

統制された方法でさまざまな要因を操作して、虚記憶の形成過程の基本的特性について解明できる点では、DRMパラダイムはとても有効な方法論と言えます。実際、大学生や、新聞での呼びかけで集められた虐待や宇宙人による誘拐の記憶を持つ一般人に関する研究では、単語を用いたDRMパラダイムにおいて虚記憶を形成しやすい人は、自分自身に起こった事柄に関して虚記憶を起こしやすいことが示唆されています。

†虚記憶の特性

DRMパラダイムなどを用いて、虚記憶のさまざまな特性が整理されてきています。連想語の提示によって、ルアーとなる単語の概念が活性化されることがこうした虚記憶の形成の基礎にあると考えられています。

記憶していたことを思い出させた場合、実際に学習していた語を思い出す割合は時間が経過するにつれ、数日間のうちにだんだん低下します。それに対し、実際には学習していなかったルアー語を思い出す割合は、数週間経ってから低下することが知られています。つまり、虚記憶は正しい記憶よりも長く持続する可能性があるのです。

虚記憶は、ルアー語と連想語のように言葉を使った場合にのみ生じるわけではありません。視覚刺激、たとえば写真やイラストのような線画に関しても形成されることが知られています。

写真に関する記憶においても虚記憶が生じ得るということは私たちの社会にとってとても重要な意味を持ちます。裁判などでの目撃証言の基礎にある、視覚にもとづく目撃情報も誤りである可能性があるからです。

ルアーがイラストのような線画であっても虚記憶が生じるということからも、私たちの記憶の特性がいろいろとわかります。たとえば、テストの際に用意され、学習時には見せられなかったルアーの線画と、実験参加者が学習の際に自分自身で頭の中に「でっちあげた」ルアー項目の線画的な表象がまったく同一であったとは考えにくいことです。学習時にルアーの線画そのものの表象が記憶されていたのではなく、学習時に実際に見せられた連想用の線画から抽出された何らかの特徴と、それにもとづいて形成された表象が、ルアーの線画と見分けがつかないような虚記憶を生起させているものと考えられます。

†自伝的記憶と加齢

記憶のうち、自己のアイデンティティー形成に大きくかかわる記憶に「**自伝的記憶**」があります。自伝的記憶とは、イベントに関する記憶であるエピソード記憶の一部で、自分自身に関して起こったイベントに関する記憶の総体です。自伝的記憶には、具体的な個人的な出来事に関する記憶や、自分自身に関する事実(たとえば、○○年に高校を卒業した)なども含まれます。

自伝的記憶は、年齢層ごとにさまざまな特性が見出されています。たとえば、幼少期に関しては、3、4歳以前の出来事がそれ以降に比べると想起されにくいという特性があります。そのため、ほとんどの人にとって、想起できる最も古い記憶は3歳よりも新しいものなのです。こうした特性は「**幼児性健忘**」と呼ばれています。

幼児の頃の記憶が失われやすいことについて、2つの原因が考えられています。第一に、幼児期は記憶をうまく固着できないという可能性です。

特に乳幼児期はまだ言語が十分に獲得されていません。そのため、体験した事柄について言語を介して表象化するのは困難と思います。また、自伝的記憶を含むエピソード記憶が十分に機能し始めるのは、意外に遅くて、4歳ごろからと考えられています。それ以前に、「いつ」「どこで」「なにを」したか、その時の感情の状態はどうであったか、といったことに関して記憶するのはかなり難しいようです。

幼児性健忘の第二の原因は、貯蔵された記憶の検索の困難です。

幼児期の記憶が貯蔵されたとしても、のちの時期にさらに多くの体験がなされ、大量の情報が貯蔵されることになります。その過程で、脳内での神経ネットワークも新たに形成されることによって、人生の初期の記憶を検索することが困難になると考えられています。確かに、大量の言語化された情報もある中から、時間や場所、状況と内容が言語化されていない記憶を検索するのはかなり難しそうです。

幼児性健忘によって幼児期のことは忘れられやすいのですが、自伝的記憶に関して、思い出しやすい時期もあります。成人して以降、特に高齢になるほど、青年期から成人前期にあたる十代後半から三十代までの出来事が特に思い出されやすいという特徴があります。この特性は「**レミニセンスバンプ（思い出の隆起）**」と呼ばれています。

レミニセンスバンプは加齢によってより顕著になりますが、加齢はそれ以外にも自伝的記憶に大きな影響を与えるようです。たとえば、高齢者では、自分自身の個人的体験の想起がなされにくくなり、個人的な関与の少ない、一般的な知識や事実の想起が増えることが知られています。

自伝的記憶には、「**望遠鏡効果**」と呼ばれる特性もあります。これは、過去の出来事について、実際よりも最近の出来事と思い込みやすいというものです。自伝的記憶にある一種のバイアスと考えられています。

†自伝的記憶の虚記憶

自伝的記憶においても、「実際にはなかったことをあったこととして思い出すこと」、つまり、虚記憶が生じることがあります。

自伝的記憶において虚記憶が生起する場合にも、DRMパラダイムのような実験的手法で生じた虚記憶と同じように、その記憶が形成された時に関する主観的な生々しい主観的経験の報告が伴う場合があります。つまり、自分自身に起こった事柄に関する虚記憶の想起には強い確信が伴われ、それを経験した際の詳細な文脈を想起することもあるのです。

生まれてきた日のことを覚えているとか、母親の胎内にいた記憶があると主張する人がいます。三島由紀夫の自伝的作品『仮面の告白』では産湯《うぶゆ》に浸かった際の記憶が語られています。そうした記憶が事実かどうかを確認するのは難しいですが、多くの心理学者は、そうした記憶は3、4歳よりも後の時点で形成された虚記憶であると考えるでしょう。

すでに紹介したように、幼児性健忘によって、幼少期の頃のことはほとんど忘れてしまいます。もし、3、4歳よりも前の時期、特に、乳幼児期や新生児期の頃の自分自身の体験について、生々しい記憶があったとしたら、そうした記憶は、実際に自分で体験したのではなく、成長した後に、周囲の人からその頃の様子を聞いたり、あるいは、当時のことを記録した写真やビデオなどの映像を見たりすることで、実際に自分がそのことを体験したような虚記憶が形成された可能性が高いのです。

以下では、自伝的記憶における虚記憶はどのようにして生じるのかについて、紹介していこうと思います。

なお、行動科学的な実験によって、生まれたばかりの新生児は、胎内にいた際の経験を記憶していることが示されています。また、新生児期や乳幼児期にも、確かに記憶はありますす。しかし、そうした記憶は、生後の成長過程で失われてしまうようです。

†自伝的記憶に虚記憶を形成する実験

幼児性健忘で失われているのに、自分自身でその体験をした記憶があるように想起される虚記憶ですが、さらには、親が言ったような出来事自体、実際には起こらなかった場合でも、その出来事についての体験を、知覚経験を伴って生々しく思い出すことさえあります。そのことを示した実験を見てみましょう。

この実験では、参加者の保護者にインタビューを行い、参加者の若かった頃、たとえばローティーンの頃に実際に体験した出来事についての詳細な情報を得ておきます。その上で3回の面談を行います。

第1回めの面談では、保護者から得た情報にもとづき、実際に参加者が体験した事柄について、できるだけ詳細に思い出すことを参加者に求めます。ここで、実際に起こった事柄についてやりとりすることで、実験自体への信頼を得ます。

第1回めから期間を空けて行われる2回めの面談では、実際には参加者が体験していなかった事柄、たとえば窃盗や暴行を引き起こしたことによって警察に尋問されたこと、あるいは大けがや大金を失くしたことなどについて、保護者から聞いたと伝え、できるだけ詳細に思い出すことを参加者に求めます。

第2回めからやはり期間を空けて行われる第3回めの面談では、2回めで思い出すようながした事柄について、どの程度思い出せたかを聞きます。もし、何かを思い出したのであれば、そのことについての記憶にどの程度の確信があるのかについても答えてもらいます。

この第3回めの面談で、実際には起こしていなかった犯罪などにかかわる事柄を、詳細な点にまで渡って「思い出した」のは約7割の参加者で、それ以外の事柄について「思い出した」のは8割近くの参加者でした。

このように、実際には起こしていない犯罪的行為についても、あるいは、それ以外の行為であっても、信頼する他者が覚えていたという情報を与えられると、私たちは詳細な視聴覚や香りなどの知覚体験と、強い確信度を伴うような虚記憶を形成してしまうことがあり得るのです。

✝虚記憶の情報源

幼児期や若かりし頃の体験に限らず、成人して以降の体験についても虚記憶が生じることが多くの研究で報告されています。

たとえば、スペースシャトルの爆発事故について、その事故直後に友人から聞いて知ったと報告していた人が、その2年後、爆発を自分自身でテレビで見て知ったと強い確信を持って思い出すようなこともあります。2年間の間に、爆発のシーンをテレビで何度も見たのでしょう。そのことによって、最初にその事故のことを知ったのも、同様の映像をテレビで見たことによるものだったと記憶を改変してしまったのかもしれません。

このように、記憶の形成の元となった情報源（ソース）を取り違えてしまう（誤帰属する）ことは「**ソース誤帰属**」と呼ばれています。ソース誤帰属は、記憶を検索する際の記憶痕跡のモニタリング（評価）の誤りの結果として生じるようです。

たとえば、あるニュースについて、新聞を読んで知った場合と、テレビで見て知った場合とでは、後者では、そのニュースの内容を報じたテレビの画像的な内容に関する映像や、アナウンサーの声などの知覚的情報が含まれることでしょう。それに対し、新聞を読んで知った場合は、文章を読み、その内容から状況を想像したことでしょう。

新聞と比べて、テレビを見たことで形成された記憶は、より多様な知覚的情報を持つものと思われます。新聞を読むことで形成された記憶には、文章の内容や、その文についての知覚情報、想像によって形成された内容が含まれています。

もし、ある記憶痕跡に、知覚的な詳細についての情報が多く、文章の内容や文自体の知覚情報、文章内容から想像した内容がほとんど含まれない場合は、その記憶がテレビ視聴によって成立したと判断されやすいことでしょう。

ここで、記憶痕跡の中の知覚情報や認知的操作に関する評価を誤ると、記憶の形成の元になった情報源を取り違えてしまうことで、記憶のソース誤帰属が生じるものと考えられています。

†悪意なき剽窃――クリプトムネジア

ソース誤帰属とも関連した現象に、過去に経験したことを想起する際に、それを記憶ではなく、自分の思いついたことととして誤って認識するという現象があります。思い出される内容は、単語やアイデア、歌、問題の解決方法などさまざまです。この現象は「**クリプトムネジア**」と呼ばれています。

まったく独創的なことを思いついたと思い込んでいても、実は、それは、他の人により提示されたことを記憶していたに過ぎないということがあるのです。

オリジナルのアイデアが他の人のものだということを知っていて、それを真似したということであれば、それは「剽窃《ひょうせつ》」として非難の対象となります。ところが、クリプトムネジアの場合、オリジナルを経験した際のことを覚えていないので、「悪意なき剽窃」と呼ばれることもあります。

また、実は、自分自身がかつて同じようなことを言っていたのに、そのことを忘れて、まったく新しいことを思いついたように体験されることもあります。この場合、オリジナルは自分自身のアイデアによるものだったわけですが、最初にオリジナルを思いついた時のことを思い出せないので、これもクリプトムネジアのパターンの一つとされています。

単語などの想起を用いたクリプトムネジアに関する実験的研究では、出現頻度の高い単語ほど、このクリプトムネジアが生じやすいことが指摘されています。たとえば、なんらかの概念に関連した単語を列挙するような課題に複数人で参加した場合、誰もが思いつきやすい単語については、実際には別のメンバーが挙げたのに、事後に、その単語を挙げたのは自分だったと誤って想起しやすいのです。

自分自身が斬新なアイデアを思いついたと認識している場合でも、もしかしたら、そのアイデアは、他の人によるもので、自分ではその他人のアイデアを知った際のことを覚えていないだけかもしれません。とは言え、たとえ自分に悪意がなくても、他人のオリジナルのアイデアを真似した場合は剽窃として非難の対象になってしまいます。知的商品など、オリジナリティーで評価を競うような職に就いている人は、注意が必要と言えます。

†実体験か想像か——想像力の膨張

ある状況を実際に体験していなくても、その状況を繰り返し想像すると、その状況について体験したような虚記憶が形成されます。つまり、実際に自分が行ったことがない行為でも、その行為をしたところを繰り返し想像していると、やがて、虚記憶が形成され、自分で実際にその行為をしたように思い出されるようになることがあるのです。この現象は「**想像力の膨張**」と呼ばれています。

この想像力の膨張は、記憶の元が、実際の体験なのか、あるいはそのことを想像したことなのかが混同されるという点では、ソース誤帰属の一つとみなすこともできるでしょう。たとえば、実験参加者に夢の内容を語らせた後、その夢は、あなたが3歳より前に、いじめられていたこと、あるいは広いショッピングセンターで迷子になったことを意味すると伝えるのです。このような説明を聞いた参加者は、実際にそうした経験をしたことを信じる傾向が強く、その際の詳細な知覚体験まで報告する者も多くいたそうです。

3歳以前の体験なので、幼児性健忘により、本当は、そうした記憶は持ち合わせていなかった可能性が高いと思われます。それでも、生々しい知覚体験までともなって、その際のことを想起することができるということは、想像することがいかに誤った記憶を形成する上で強い影響力を持つかがわかります。

自分自身に関しては、おそらく自分自身が最も多くの情報を持っているはずです。他の誰よりも自分が詳しく情報を得ているはずの事柄であっても、想像することによって虚記憶が成立するのですから、他の人についても想像力の膨張によって虚記憶が成立するのは当然と言えるかもしれません。つまり、自分以外の人がある行為をするところを何度も想像していると、その人が実際にそのような行為を行っていなくても、その人がその行為をしたような虚記憶が形成されやすくなるのです。

想像力の膨張は具体的な個人を対象にした想像に限定されません。たとえば、アメリカ人はこう、あるいは、中国人はこういうことをしがちだと、ステレオタイプをもとに想像していると、彼らが実際にそうしたことを行っているところを見たわけでなくとも、その現場を目撃したような虚記憶が形成されやすくなるのです。

第四章でも、利用可能性ヒューリスティクスによって、将来のある状況（たとえば、特定の候補が選挙で当選したところ）を想像することで、その状況が実現する可能性を高く見積もるようになることなどを紹介しました。

想像が虚記憶の原因になるということは、想像が、これからの状態の見通しを変えるだけではなく、過去の状態についての表象（つまりは記憶）さえも変えてしまう可能性があることを意味しています。現在における想像は、私たちの個人的未来や過去についての表象さえ変えてしまう力があるのです。

†目撃証言の可謬性

自伝的記憶は、個人のアイデンティティーを形成するのに重要な意味を持つだけではなく、社会的にも重要な意味を持つことがあります。

たとえば、自伝的記憶の中には、自分自身が生活の中で見聞きしたイベントに関する具体的な内容に関するものも含まれることでしょう。それは、捜査や裁判において証拠として用いられることがあります。被害者や目撃者の証言がさまざまな形で用いられる裁判において、記憶が間違うことがあり得るということには重大な問題があります。こうした証言が、本人の確信度の強さや、記憶内容の生々しさによらず、間違えている可能性があることを意味するからです。

実際に、誤った目撃者証言によって、無実の人が有罪判定を受け、後にＤＮＡ鑑定で無実が証明される事例が米国で相次ぎました。誤った記憶によって冤罪《えんざい》で苦しむ人が多かったのです。しかも、こうした目撃証言による誤りは、目撃者証言を引き出す際の不適切な方法によって高頻度で引き起こされていた可能性も指摘されています。こうした、目撃証言の誤りが生じる過程について、認知心理学者のエリザベス・ロフタスはさまざまな研究を行っています。次に、どのような場合に、目撃者の証言が誤りやすくなるのかについて、見ていきましょう。

†目撃後の情報で変容する記憶――ロフタスの実験

ロフタスやその共同研究者が多くの実験で示したのは、記憶の対象となっている出来事について、その目撃の後に接する情報によって記憶は大きく変容するということです。たとえば、交通事故についての目撃証言や、その基礎にある記憶は、目撃の後にその事故のことを記述する表現によって変容するようなのです。

このことを示唆する実験では、実験参加者に、走行する車が別の車にぶつかる自動車事故の動画像数本を見せました。それぞれの動画像の観察後、事故を起こした車の走行スピードについて答えてもらうのですが、この際、ぶつかり方の表現に、「激突する (smashed)」「衝突する (collided)」「ぶつかる (bumped)」「あたる (hit)」「接触する (contacted)」という5通りの語を用いました。車のぶつかり方の表現としては、「激突」が最も激しく、「接触する」が最もマイルドと言えます。

参加者によって評定されたスピードは、激しい言葉を使って聞いた場合ほど速くなり、最も激しい表現の「激突する」を使って聞いた際に参加者が答えたスピードは、最もマイルドな表現の「接触する」を使った場合よりも、約3割増しでした。

また、動画像を見てから1週間後に、「激突する」と「あたる」の表現を用いた参加者に、動画像の内容についていくつかの質問を行いました。「ガラスが割れるのを見たか?」という質問に対して、「激突する」を使っていた参加者50名中16名、「あたる」を使っていた51名中7名が「見た」と答えました。なお、実際には、どの動画でもガラスはまったく割れていませんでした。

こうした実験の結果からは、事故をより激しい言葉で表現した質問を受けただけで、事故についての記憶が、よりひどい方向へと変容してしまったこと、また、実際には見ていなかったような知覚体験の心的表象さえ形成し得ることがわかります。

そして、事故を目撃した際に形成された記憶と、その後で得られた外部的情報(その事故についての言語的表現)が、時間の経過のうちに結合され、記憶を持っている本人には区別がつかなくなることも示されています。

†証言の誤りを避けるための米国の工夫

裁判での目撃証言のように正確な記憶が重要である場合、記憶が形成された後にその記憶を変容させる情報を与えることは避けるべきです。記憶をたどる際の手続きによっては、誤った記憶を形成することさえあるからです。裁判では目撃証人による人物同定証言は大事な証拠となります。その目撃者の記憶が変容するのは是非とも避けなければなりません。

すでに指摘したように、実際に、このような人物同定の際の記憶変容によって、無実の人が有罪判定を受け、後にDNA鑑定で無実が証明される事例が米国で相次ぎました。記憶が上書きされやすいのは、目撃証人に容疑者の顔写真のリストを見せた際です。特に、実際に目撃した人物が顔写真のリストに含まれていなかった場合、リストの中で目撃された人物に最も似た人に注意が向きやすくなります。この時、現場で目撃したのも、リストの中で注意を向けた人物であるという具合に記憶が変容されやすいのです。

そのため、現在の米国では、この問題を避けるため、容疑者のリストの提示の仕方を改善しています。たとえば、特定の人物に強く注意が向けられにくいように、単独でそれぞれの人物を見せず、10人程度を一組で提示するのです。また、その中に容疑者は含まれていない可能性もあることを告げます。

この一連の手続きを行うのは誰が容疑者か知らない第三者です。さらに、一連の手続きに不備がなかったか判断できるように、これらのやりとりを録画録音することが勧告されています。

†記憶は都合よく変容する――感性的特性の記憶

記憶は、自分自身が体験した事柄の内容だけに関して形成されるわけではありません。その体験した事柄が自分にとって持ち得る意味や価値、印象などの感性的な特性に関しても記憶が形成されます。さらに、そうした出来事に対する感性的な評価に関しても記憶の中で変容することがあります。

たとえば、楽曲を聴いたり、映画を観たりする場合、その期間中に、ある時は面白いと感じたり、ある時は退屈さを感じたり、タイミングによって感性的判断は大きく変わるものです。このように、一定の時間の幅の中で展開する事柄に対して、私たちはその都度、快適性や活動性、力量的特性などについての印象形成を行います。それに伴い、自分自身の感情的状態も、快・不快や興奮の一定の範囲の中で変動するものと考えられます。

ところが、この事柄を最後まで経験した後に、記憶にもとづいてその印象を評価させると、期間中に感じられた最も明確であった際の印象と、最終段階で感じた印象によって印象が決定される傾向があります。期間全体の長さや、それぞれの印象の持続時間の長さなどの影響はほとんど受けません。感性的な判断におけるこの特性は、**「ピーク・エンドの法**

則」と呼ばれています。

好き嫌いのような感性的判断によって、記憶されやすさが変わることも知られています。第四章でも紹介しましたが、自分の自尊感情を傷つけるような嫌な事柄は、自分の主観的評価を高めるような好ましい事柄よりも忘却されやすいという特性があります（自我防衛機制）。そのため、自伝的記憶の想起の際、肯定的な出来事の方が否定的出来事より多く思い出されるというポジティブ・バイアスが存在するのです。

また、自分の持っている信念と一致している事柄を目にすると、その事柄についてはよく認識されるとともに、よく記憶されることになります。それに対し、自分の信じていることに一致しない事柄については、気づかれにくいだけではなく、気づかれたとしても記憶に残りにくいという特性があります（確証バイアス）。

さらには、過去の出来事について、その過去の時点での評価よりもよい印象の事柄として想起する傾向があります。記憶におけるこの感性的特性は「**バラ色の回顧**」と呼ばれています。

これらの感性的特性を見ると、記憶とはつくづく自分に都合がよくできていることがわかります。当然のことながら、自分自身による自分の記憶と、他者による自分についての記憶の間では、こうした感性的特性にもとづくズレも生じることでしょう。

†あなたの記憶も、変容され得るもの、誤り得るもの

自伝的記憶における虚記憶は、ここまでに紹介したような方法で実験の上で人為的に作り上げることができるだけではなく、日常生活の中でも生じ、私たちの生活にさまざまな影響を与えます。

あなた自身が、自分や、周囲の人たち、あるいは自分の属している集団などに対して持っている「記憶」は、ある程度、事後に与えられた情報や、想像力、感性的判断などによって改変されたものとみなしたほうがいいでしょう。

いや、そんなことはない、自分の記憶はかなりの程度は確かなものだ、と考える読者がほとんどだと思います。しかし、すでに説明したように、そもそも、虚記憶自体が強い確信度を伴うことが多いのです。自伝的記憶においても、強い確信を持っているからといって、その記憶が事実であることの証拠にはなりません。

このように、自伝的記憶における虚記憶には、実際には起こらなかったことなのに、強い確信度を伴ったり、生々しい詳細が想起されたりするという特性があります。このこと

から、記憶の想起という過程が、実際にあったことについての記憶か、あるいは実際には起こりもしなかったことについての「記憶のようなもの（虚記憶）」なのかによらず、ただ体験した事柄の痕跡をそのまま取り出すというような単純な過程ではないことがわかります。

むしろ、記憶の想起の過程は、体験した事柄や、想像された事柄などについての想念を、本人さえも欺いて、それなりに辻褄《つじつま》を合わせて再構成するような、狡猾《こうかつ》な過程だと言えます。自分自身で体験したという強い確信があったとしても、それが事実ではないことがあるということは、ちょっと背筋が寒くなるような話です。

あなた自身がいま思い出す、幼少期の親や祖父母との心温まる思い出、若き日の友人との楽しかった出来事の記憶、職場での同僚とのやりとりについて、たとえ強く確信できるとしても、もしかしたら、事後に与えられた情報によって形成され、あとから自分も気づかないうちに詳細がでっち上げられたものである可能性があるのです。

ラッセルの世界5分前仮説の不気味さは、実は、知識とは何かを問う思考実験だけではなく、記憶にもとづく私たちのこの世界自体にずっと内在し続ける特性でもあったのです。

†虚記憶の起こりやすさには個人差がある

こうした記憶の変容の起こりやすさには個人差があります。さまざまな知能テストや認知能力テストの成績と記憶の変容の起こりやすさとの間の関係を調べた研究によると、これらの間には負の相関があるようです。

たとえば、認知的な能力が低いと、より頻繁に、事後の誤った情報による記憶の変容が起こりやすいようなのです。また、事後の誤った情報による記憶の変容の起こりやすさ・起こりにくさは、協調的な性格類型で、より顕著になるようです。

つまり、協調的な人の場合、認知能力が高いと記憶の変容が起こりにくいのに対し、認知能力が低いと、むしろ記憶の変容が起こりやすくなります。他方、あまり協調的でない人の場合、事後情報による記憶の変容のしやすさは、認知能力の高低によってそれほど変わりません。

†虚記憶の問題を避けるために

ここまで紹介してきたように、自伝的記憶を含め、記憶は、事後の情報や想像力などによって変容します。しかし、記憶に変容を生じるような要因が、すでにすべてリストアップされているわけではありません。今後の記憶に関する研究によって、記憶に影響を与えるもっと強力な要因が見出されたり、記憶を効率的に変容できる実験パラダイムが見出されたりするものと思います。

いずれにしろ、私たちは、自分の記憶している過去の体験が現実のものだったと断定するのも難しいし、おそらく、記憶は多くの現実からの乖離を含んでいます。むしろ、どんなに確信度が高くても、人間の記憶は過去の正確な記録ではなく、誤っている可能性があることは強く認識しておくべきです。

記憶の変容は誰にでも起こる事柄なので、記憶に誤りが生じたとしても、そのことで申し訳なさを感じる必要はないのかもしれません。むしろ、記憶の変容や誤りによって深刻な問題が起こらなくする工夫、問題が起きた場合のバックアップの準備が大事なのだと思います。

記憶の誤りや変容の影響を避けるためには、正確で、変容されることのない記録を取っておくことは重要なことでしょう。たとえば、写真や動画のように、あるいは情報端末のログ情報のように、実際に起こったことをそのまま記録し、物理的に同一の状態のまま保存することは有効だと思います。物理的な記録は、誰かが改変しない限りはそのまま維持されるからです。

実際、記憶媒体が携帯可能となり、その都度の行動に関するさまざまな記録を取得、記録していくことはどんどん簡単になりつつあります。昨今、車載カメラ等の映像が、事件の捜査や事故の防止などに活用され、それなりに成果を挙げています。

今後、各人が装着した情報機器により、周囲の映像や音、装着者の移動、身体的状態などに関するさまざまなデータがすべて記録され、解析され、ビッグデータとして多様な分野に利用されていくようになることが予想されています。そうしたビッグデータ活用の対象の中に、記憶内容の確認も含まれるようになる可能性は高いように思われます。

人間の記憶が、事後の情報によって変容されたり、そもそも、本人の信念によって編集されたりする可能性があるとしたら、正確さが求められる課題では、機械的に記録されたデータの利用が望ましいからです。

なお、映像、音、位置、時刻等の記録はあくまでも、起こったことの物理的コピーでしかありませんが、過去の事象の物理的な特性を確認するためには、こうした機械的に記録されたデータを参照することは有効です。

ただし、こうした方法では確認できない特性もあります。たとえば、その都度の感性的判断や感情的状態です。記録された映像、音などを再生し、それを観察したとしても、それらが収録された際の感性的状態を再体験できるわけではありません。その都度の生理指標までを正確に記録しておけば、感性的判断や感情状態なども記録したと言えるでしょうが、物理的な記録はデータのリストでしかなく、そのリストを読み上げたとしても、その際の体験を再現できるわけではないのです。また、リストに従って、さまざまな次元における感性的判断や感情的状態を特定することも、少なくとも現時点では困難です。

過去の感性的体験に関する記憶は、事後の情報によって捏造されたり、誇張されたりしたものかもしれないし、ピーク・エンドの法則に従ってあまりに簡易に集約されたり、自我防衛機制によって検閲的に編集されたりしたものかもしれません。

感性的判断に関する記憶については、正確さを求めるのは困難で、変容された可能性が高いものとして受け入れるしかないようです。

第七章

機械への依存とジレンマ――合理的判断が最適とは限らない

†機械に頼ればいいのか？

ここまでの章では、人間の判断が必ずしも合理的ではないことについて紹介してきました。こうした事例を眺めると、損得や確率構造にもとづく判断では、人間自身ではなく、機械やコンピューター、人工知能（ＡＩ）などに任せたほうがよいと考える読者もおられることでしょう。

確かに、過去の事例にもとづく確率的な判断や、大量の選択肢の中から短い時間の内に大間違いしないような選択肢を選ぶ判断に関しては、機械やコンピューターに任せることは、人間が自分で判断するよりも間違う可能性を低くすることでしょう。多くの経済指標の瞬時の変動に対応した投資判断プログラム、多くの記録の中からの該当事例の検索も、人間よりコンピューターが得意なことに間違いありません。

機械による補佐が特に大きな効果を持つことが期待されているのは、交通の領域です。長い年月にわたって、交通事故の原因のトップに挙げられるのはドライバーの注意の不全に関係した項目です。たとえば、警察庁交通局の発表した「交通事故の発生状況」のデータによると、平成29年度の高速道路での事故の81・9パーセントは前方不注意、動静不注意、安全不確認といった注意の不全が原因で生じたものでした。注意の不全がこれだけ多くの事故の原因となったのはこの年だけの傾向ではなく、ほぼ毎年、同じような状況が続いています。

こうしたデータは、車という技術によって高速移動が可能になったことで、人間の注意の制約が致命的な問題を引き起していることを示しています。そこで近年、車の前部に取り付けられたセンサーによって前方の車や障害物を感知し、前の車との車間距離を自動的に制御するシステムや、衝突の危険が高まるとドライバーに警告するシステム、自動的にブレーキを作動させるシステムなど、事故回避システムを搭載した車が実用化されています。

また、自動運転車も実用実験が行われています。近い将来、ドライバーが操作する必要がない、自動運転車が公道を走ることになるでしょう。そうした自動制御の車では、人間のドライバーのような注意不全による事故を起こすことがないので、交通事故の数は今よりも減ることが期待できます。

競技スポーツの審判に関しても、人間の審判はしばしば誤審を引き起こしてしまいます。たとえば、第三章で紹介したフラッシュラグ効果という錯覚は、サッカーの競技中に、多くのオフサイドの誤審の原因になっています。また、テニスの試合でも、ボールが実際よりも進行方向側にずれた位置に接地したように見えるため、それがラインの内か外かについての判断における誤審を引き起こしています。しかも、これらの錯覚によって生じる誤審は、審判員のトレーニングによっては解消されないことも指摘されています。

そのため、判断における正確さを期すため、多くのスポーツでは、ビデオなどの道具を使って、正確な判断が行われるようなシステムが構築されてきています。どの競技スポーツでも、正確さを重視するのであれば、錯覚の影響を受けない機械に判断させることが有効と思います。

ただし、その判断において、正確さ以外の要因が重視される競技スポーツもあります。たとえば、フィギュアスケートなどでは、美しさについても評価がなされます。美しさに関しては、今のところ、機械で判断することはまだ簡単とは言えません。

✝深層学習研究のブーム

しかし、複数の人間の審判が各演技に対して、どのように評価したのかを、深層学習などの機械学習にもとづく方法を使ってコンピューターに学習させることで、経験を経た審判と同様の評価を下すことができるような技術が開発されつつあります。こうした技術が実現すれば、トレーニングを積んだ人間の審判と同様の審判をコンピューターに行わせることも可能になるかもしれません。

現在、認知科学の領域では、深層学習などの機械学習研究がブームです。著者の属している研究グループでも、こうした技術を用いた幾つかの試みが現在進行形で進められています。

機械学習とは、開発者があらかじめ動作をプログラムするのではなく、与えられた大量のデータの中から、コンピューターに自律的に法則やルールを見つけさせる手法です。深層学習は機械学習の手法の一つで、脳における神経細胞の仕組みを模したニューラルネットワーク（神経網）を用いて、大量のデータの中にある特性に関してコンピューターに学習をさせる方法です。

ニューラルネットワークに複数の層を用いることで、多様な学習課題に対応できるのです。層をたくさん重ねることを指して、「ディープ（深層）」と表現しています。

たとえば、画像認識は深層学習にとって得意な課題です。画像の中から顔を見つけ出す作業は、人間がプログラムを書くとなると、かなり大変です。ところが、実際に顔を含む画像を用いて深層学習の技術を用いてコンピューターに学習させることで、判別できるようになります。

ただし、この時、システム設計者でさえ、ネットワークの中でどのような処理がなされ、何が学習されているのか特定することはできません。また、実際、そのような特定を行わなくても、学習自体は成立してしまいます。

これは、学習のための処理がブラックボックスということで、たとえ学習が成立したとしても、顔というのがいったいどのような特徴を持っているのかという理解にはつながりにくいということになります（このつながりがまったく理解されていなくても学習は成立するのです)。

こうした技術を使うと、たとえば、演技や芸術作品などにおいて人間の審判員が行った評価データをもとに、評価要素の特定や、それぞれの要素ごとの技能の高さ、全体的な美しさなどについての評価モデルを作ることも可能になることが期待されています。

†機械に頼れないこと

ただし、私たちに求められる判断は、確率的判断や、画像的な記録にもとづけば間違いようのない判断だけではありません。いくら確率計算が早くても、また、その計算にもとづいて、高速に合理的な判断を行ったとしても、それが利得を最適化する上で役に立たないような場合もあります。なぜなら、機械の得意な「合理的判断」は、必ずしもいつも最適と言えないからです。

むしろ、合理的な機械が「正しい」判断をした場合よりも、人間が「いい加減」な判断をした場合の方が致命的な失敗を避けられるような場合さえ考えられます。

そのため、常に「合理的」で、「正しい」判断のできるコンピューターに判断をまかせたとしても、私たちは安寧を得ることはできそうにありません。どのような場合に機械に頼ることができ、どのような場合に自分自身で判断しなくてはいけないのか、見極める必要があります。

では、続いて、どのような状況のとき、機械に判断を任せられないような事態なのかを見ていきましょう。

†手塚治虫が描いたメガロポリス・ヤマトの悲劇

機械の合理的な判断に従うことにより生じ得る悲劇が手塚治虫『火の鳥　未来篇』に描かれています。

この作品が描くのは未来の地球、未来の人類です。そこでは、人類は公害の進んだ地上での生活を諦め、「メガロポリス」と呼ばれる巨大地下都市で生活しています。地球上には全部で7つのメガロポリスがあります。そのそれぞれにおいて、社会のルールは合理的判断を行うために、電子頭脳（現在のＡＩ）が決めています。「人類の危機を乗り越えるために、個人的な感情に溺れやすい人間の政治家より、電子頭脳の計算に頼ったほうが確実」ということなのでしょう。

人間の社会的リーダーと電子頭脳とは、言葉を用いた会話によってコミュニケーションを行います。何か問題が起こった場合、リーダーは電子頭脳に解決法を言葉で問い、それに対し、電子頭脳は合理的解決方法をリーダーに言葉で伝え命令します。この過程は、人工頭脳があたかも自らの判断の完全性を自認している人格を持っているように描かれています。

この物語の主人公である二級宙士の山之辺マサトは、極東のメガロポリス・ヤマトに住んでいました。そこでの人間の支配を任されていたのは「電子頭脳ハレルヤ」です。

山之辺は、ムーピーという、人間に幻想を見せる能力を持つ宇宙生物を、ハレルヤの定めたヤマトの規則に逆らって匿《かくま》っています。ハレルヤは山之辺の法律違反を断罪し、彼の処刑を決定します。そのため、山之辺はムーピーと共にメガロポリス・ヤマトを脱出することになります。

ヤマトを脱出した山之辺が向かうことが予測されるのは、隣の大陸にあるメガロポリスのレングードです。そこはやはり電子頭脳である「聖母機械ダニューバ」によって支配されています。レングードのリーダーは山之辺の処遇をダニューバに問うたところ、ムーピーと共に山之辺を保護するよう指示されます。ここで、山之辺の処刑を決定したハレルヤと保護を決定したダニューバの間に対立が生じてしまいます。

2つのメガロポリスのリーダーは、電子頭脳同士を直接つないで対話させることで問題を解決しようとします。しかし、この電子頭脳間の対話は、自らの判断の合理性と相手の判断の合理性の否定の応酬となり、決定的に決裂してしまいます。

それぞれの電子頭脳にとって、その判断の完全性、無謬《むびゅう》性を否定されることはそれぞれのメガロポリスに住む人々の生活、命を否定されること以上に許容できないことだったのでしょう。対話決裂直後に、どちらの電子頭脳も相手のメガロポリスに対する全面戦争を決定してしまいます。

レングードの中央司令部にヤマトのスパイが超水爆を仕掛けます。ハレルヤは、レングード側もヤマトの中央本部に強力爆弾を仕掛けた可能性が高いと判断しています。そして、ハレルヤからヤマトのリーダーに、両者が相手に対して宣戦布告するとともに超水爆を爆発させることで、双方が瞬時に消失してしまう、という予測が告げられます。

1名の亡命者の処遇をめぐる対立から、双方とも全面的に壊滅する決定が下されてしまったわけです。双方のリーダーは理不尽を感じながらも、その決定に従わざるを得ませんでした。

宣戦布告の予定時間、両メガロポリスとも電子頭脳による予測通り、ほぼ同時に超水爆の爆発によって全滅してしまいます。それればかりか、ヤマトとレングード以外の5つのメガロポリスも同時に消滅してしまいます。自分以外のものが自分より長く存続することで生じる損失や、自らの正当性の否定を許せなかったハレルヤかダニューバが、他のメガロポリスも道連れにしてしまったのかもしれません。

その後、超水爆の爆発によって巻き散らされた放射能に汚染された結果として、人類をはじめとした地上の多くの生物も滅亡してしまいます。

火の鳥の血を飲むことで不死となった山之辺による地上の生物の復活がこの作品の主要なテーマです。しかし、生活にかかわるさまざまな判断を機械任せにしようとしつつある現代にあって、機械に判断を任せることの有効性と限界について、この作品を通して考えることができるように思われます。

†囚人のジレンマ問題

手塚治虫の描いたメガロポリスの破綻は、漫画のなかのことだと笑えるでしょうか？実は、メガロポリスの悲劇は、私たちの生活における「合理的」な意思決定における根本的問題を示しています。その問題は、判断を行うのが人間なのか、あるいは、コンピューターのような機械（AIを含みます）なのかを問いません。

合理的な判断が、その判断にかかわる誰にとっても最適な判断とはならないことを示す代表的な事態が**「囚人のジレンマ」**です。これはストーリー仕立てになっていて、その具体的な内容は、何年にもわたって手が加えられ、変化してきています。今では、次に紹介するように、2人の拘束されている犯罪者の刑期をめぐるストーリーが基本となっています。

ある国に、共謀して犯罪を行った2人組AとBがいます。彼らは警察によって逮捕され、刑務所で別々の独房に拘留されています。そのため、お互いに連絡を取り合うことができません。

この国の検察は、2人を有罪にするだけの十分な証拠を持っていませんでした。2人とも黙秘を続けており、このままでは、強盗で有罪となった場合の刑（懲役2年）よりも軽微な罪で、2人ともに1年の懲役を科される見通しです。

ここで、取調官は2人それぞれに対して個別に司法取引を持ちかけます。

「もし、どちらか1人だけが自白したら、その場で釈放としよう。でも、自白しなかった方は懲役3年だ」というわけです。もし、2人とも自白したら、それは規則通り懲役2年

	囚人B	
	自白（裏切り）	黙秘（協調）
囚人A 自白（裏切り）	2、2	0、3
囚人A 黙秘（協調）	3、0	1、1

表7-1　典型的な「囚人のジレンマ」ゲームにおける判断と懲役年数の関係

各セルはそれぞれ２人の囚人による判断を示し、各セル中の左側と、右側の数字はそれぞれその判断の結果生じる囚人Ａと囚人Ｂの懲役年数を示す。

になってしまいます。

この時、2人の犯罪者は黙秘し通すべきでしょうか。あるいは、共犯者を裏切って、自白すべきでしょうか？

これが「囚人のジレンマ」の典型的な設定です。

†合理的な判断は利得を最大化するわけではない

2人の犯罪者の行動と懲役の関係を表にまとめたものを示します（表7-1）。表の各セル中の数字は囚人A、Bの懲役がそれぞれ何年になるかを示しています。

2人の犯罪者が互いに相手を裏切った場合、2人とも2年の懲役を受けることになります。それよりも、どちらも黙秘し続けて（つまりは、相手と協調して）1年の懲役刑を受ける方がマシということになります。ところが、どちらの犯罪者も、自分の利益のことだけを考えて相手を裏切り合って自白した場合、ともに2年の懲役を受けることになります。

AとBそれぞれの視点から、判断の意味について整理してみましょう。

まず、Aにとっては、Bが自分と協調して黙秘し続けた場合、自分の懲役は1年（協調して黙秘し続けた場合）か0年（Bを裏切って自白した場合）となります。この2つの選択肢だとすると、Bを裏切って自白した方が得（より刑が軽い）ということになります。

他方、Bが自分（A）を裏切って共謀について自白した場合、自分の懲役は3年（自分はBに協調して黙秘し続けた場合）か2年（自分はBを裏切って自白した場合）となります。この場合も、AはBを裏切って自白した方が得ということになります。

つまりは、Aにとっては、Bがどのような判断をした場合も、Bを裏切って自白した方が得ということになります。そのため、AにとってはBを裏切るのが合理的判断ということになります。

しかし、Bの立場からもまったく同様の判断となるでしょう。つまり、Bにとっても、Aを裏切るという判断を下すことに合理性があることになります。

このように、結局はAもBも相手を裏切ることになるのが合理的な選択ということになりそうです。その結果として、取調官が取引を持ち出さなければどちらも懲役1年で済んだのに、2人ともそれよりも重い懲役2年ということになってしまうのです。

合理的な判断をしたはずなのに、どちらも損をしてしまうだけではなく、全体的な損失（2人の懲役の合計年数）も大きくなってしまうのです。

ここで2つの点に着目してほしいと思います。

第一に、両者の判断は、感情や相手に対する信頼度などにもとづいてなされるのではなく、損得勘定だけで理詰めで判断した結果、相手を裏切ることが合理的な判断になるということです。

第二に、ともに相手と協調する「非合理的」な判断をした場合は懲役1年で済むというのに、相手を裏切るという「合理的」な判断の結果が、より長い懲役刑につながってしまうという点です。

つまりは、個々が理詰めで損得を考慮したにもかかわらず、結果として、全体にとって最善の結果（この場合、2人とも相手と協調して、懲役1年）にならないのです。さらに、どちらか片方だけが「合理的」に相手を裏切った場合も、協調を選んだもう1人の懲役は3年となってしまい、全体的な損失は大きくなってしまいます。

合理的に判断する者がいると、全体では結局、損をしてしまうことになってしまうのです。これは何かおかしくないでしょうか？　このように、合理的判断をしたにもかかわらず、2人にとって最適の結果をもたらさないという「ジレンマ」が生じます。

†合理的に判断するほど損をする？

囚人と自分を重ね合わせて判断を行うのが難しいと感じられる読者もおられるかもしれません。また、相手を「裏切る」という表現には、それ自体、道徳的にネガティブな評価が含まれているように感じられ、そうした評価を避けたい読者もおられるでしょう。

囚人のジレンマの一般的重要性を理解するためには、それを道徳的評価の伴わないゲームとして書き直したほうがいいかもしれません。上述の2人の囚人に突きつけられた問題と同じ構造を保ったまま、次のようなゲームに書き直してみましょう。

このゲームに一度に参加できるのは2人とします。ゲームの成績に応じて現金がもらえるようになっています。スタートの合図に従って、相手からは見えない手元のスイッチで二択の選択を行います。

たとえば、左のキーは「同調」キーで、2人ともこれを押した場合は200円の報酬が

		プレイヤーB	
		対抗（裏切り）	同調（協調）
プレイヤーA	対抗（裏切り）	100、100	30、0
	同調（協調）	0、300	200、200

表7-2　道徳的評価を伴わない「囚人のジレンマ」ゲームの例

各セルはそれぞれ2人のプレイヤーによる判断を、各セル中の左側、右側の数字はそれぞれその判断の結果プレイヤーAとプレイヤーBが得る報酬（円）を示す。

もらえます。他方、右のキーは「対抗」キーで、2人ともこれを押した場合は100円の報酬がもらえます。もし、2人のうち一方のみが「同調」キーを押した場合、その人は0円なのに対し、「対抗」キーを押したもう1人は300円の報酬となります（表7-2）。2人の参加者は、どのような選択を行うのかについて打ち合わせることはできず、同じ相手とは1度しか対戦しないことにしておきます。

このようなゲームにすれば、「裏切り」のような道徳的な引け目を感じることなく、ゲームとして判断をしやすくなることでしょう。では、相手もできるだけ大きな利益を得ようとしているときに、どのように選択するのが自分にとって一番いい結果を生むのでしょうか？

表7-2を見ると、このゲームも、上述の囚人のジレンマ（表7-1）と同じ構図を持っていることがわかります。

すでに紹介した2人の囚人の場合と同様、この場合も相手がどのように判断したとしても、「対抗」を選んだ方が得となります。2名がともに合理的に判断したのであれば、ともに「対抗」を選び、100円を手にします。もし、それほど合理的でなければ「同調」を選んでその倍の200円を手にすることができたのに。

合理的な参加者は、ともに「対抗」を選ぶことで、自分たちの首を締めるという構図になっています。「ジレンマ」の構造がここにも認められます。

†囚人のジレンマの一般性

こうした「囚人のジレンマ」が認知科学や計算幾何学の研究者の主要な関心の対象になってきたのは、それが人間の社会における他者との競合的状況に共通する本質的問題をはらんでいると考えられているからです。

そのため、囚人のジレンマは、認知心理学だけではなく、認知科学や計算機科学などさまざまな研究領域において重要な研究テーマになっています。

たとえば、囚人のジレンマやゲーム課題の例で見てきたような個人間の競合関係ももちろんですが、それだけではなく、企業間の商品の価格設定（値下げ競争など）や製品開発競争、あるいは、国家間の環境問題（二酸化炭素の排出量の削減など）、軍縮など、さまざまな領域における競合的関係においてジレンマを認めることができます。

さらには、現実社会における競合的関係において利得を得ることの困難について、囚人のジレンマを使って説明できる場合が多くあります。このようなジレンマ状態にある時、多くの利得を得るためには、どのような判断戦略が有効なのかは多くの人の関心の対象になっています。

たとえば、囚人のジレンマはあらゆる商談に関わり得ます。商品売買の契約の際、常に、ジレンマ状況が生じるのです。つまり、売買によって売り手も買い手もともに利益を得ることになりますが、この際、取引の相手を騙す（あるいは「対抗する」）ことで自分の利益を増やすことができます。すなわち、期日までに買い手側が代金を支払わない、取り決められた日までに売り手側が商品を引き渡さない、不良品を売りつける、といった裏切りが生じる心配は常にあります。

ちゃんとした取引が成立するためには、お互いの裏切りを回避する仕組みが必要となります。

囚人のジレンマは、国際的な安全保障においても重要な問題を提起してきています。たとえば、核武装論がこうした議論の対象になっています。

この場合、核兵器を作ることは相手国に対する裏切り、核兵器をもう製造しないことが相手国に対する協調とみなすことができます。自国が仮に核兵器を製造しても、それを恐れた他国も核兵器を開発し、核兵器を持つようになれば、他国に対する支配力を得ることはできません。なぜなら、他国も核を持てば、自国の支配力は相殺されてしまうからです。

核兵器を維持し続けるために莫大な費用がかかります。そのため、どちらの国も、核兵器を製造したとしても他者に対する支配力を持つことができないのであれば、どちらも核兵器を製造しないこと、持たないことを望むでしょう。しかし、自分だけが核兵器を持たずに被支配的な立場に陥ることを避けるために核兵器を開発しようとすることも合理性があるのは、すでに2人の囚人の例で見てきたとおりです。

†メガロポリス・ヤマトとレングードのジレンマ

この章の冒頭で紹介したメガロポリス・ヤマトの悲劇も、囚人のジレンマの構造を持っ

		レングード	
		対抗	協調
ヤマト	対抗	他者からの全否定，他者からの全否定（超水爆戦争による両者の壊滅）	他者に対する支配，他者による支配（山之辺の処刑）
	協調	他者による支配，他者に対する支配（山之辺の亡命）	他者への譲歩，他者への譲歩（衝突回避）

表 7-3 『火の鳥 未来篇』におけるメガロポリス・ヤマトとレングードのジレンマ

各セルはそれぞれ2つのメガロポリスによる判断を示し、各セル中の前半と後半の文章はそれぞれその判断によって生じるヤマトとレングードの状態を、かっこの中はその後の帰結を示す。

ていたことに着目してほしいと思います（表7-3）。この場合、「協調（ヤマトにとってはレングードによる山之辺の保護・亡命者としての受け入れの容認、レングードにとってはヤマトによる山之辺の逮捕・処刑の容認）」は他者による自己の領域における影響力行使の容認や、自己の可謬性（誤り得ること、失敗し得ること）の容認を意味します。重要なのは、これが自らの「正しさ」の否定を意味する点です。自らの無謬性（誤らないこと、失敗しないこと）を最重要視した場合、この選択肢は受け入れ難いことでしょう。

他方、この場合の「対抗（ヤマトにとっては山之辺の逮捕・処刑、レングードにとっては山之辺の保護・亡命者としての受け入れ）」は、他者による自己の領域における影響力行使の拒絶や、自己の可謬性の否定、翻って、相手の可謬性の断定、さらに極端には、相手の存在の否定（殲《せん》滅《めつ》）を意味します。

両者が協調する場合としては、たとえば、それぞれがいったん下した判断を、相手に譲歩する形で修正することでしょう。たとえば、ヤマトは、自らの支配圏を出た者には干渉しないと宣言し、レングードは、積極的には山之辺たちを保護しないと宣言することなどが考えられるところだと思います。

しかし、囚人のジレンマの一般的構造によって、合理的である限り、どちらにとっても協調の選択肢を採ることは困難です。なぜなら、それはおそらくは、自分が一方的に相手による判断への服従を受け入れる可能性が高いからです。どちらも、自らが、一方的に、相手の決定に服するという状態にいたることを避けたいことでしょう。

また、双方が協調したことによる「報酬」は、両者の存続を可能にするものではありますが、自らの可謬性と相手からの支配、干渉の受け入れとの引き換えになります。そのため、論理的一貫性や無謬性を最重要視する立場からは受け入れがたいことでしょう。

自らを無謬と定義する限りは、自分と異なる主張を行う他者との妥協の余地はなくなります。もし、自らの可謬性を受け入れることを拒み、合理的に判断しようとすれば、すべてが滅ぶ選択肢しか残らないのです。

こうした対立の構造は、判断を行うのが、作品中のように電子頭脳（AI）なのか、あるいは生身の人間なのかにかかわらず、同じものとなることでしょう。自らの可謬性を認めない者どうしが対立した場合、メガロポリス・ヤマトと同様の悲劇が成立し得るのです。

ちなみに、1950年にこの問題を考え出し、心理学的な実験を実施したランド研究所のフラッドとドレッシャーは、当初、誰かがこの囚人のジレンマのパラドックスを解決してくれるものと期待していたようです。

ところが、その後、さまざまな研究者がこの問題に取り組みましたが、いい解決法はまったく見つかりませんでした。2人は、最終的には、他の多くの研究者とともに、囚人のジレンマは絶対に解決できないだろうと考えるにいたったと言われています。

†協調が合理性を生じる「ナッシュ均衡」の条件

ここまで、囚人のジレンマが、競合的関係において、一般的な特性を反映しており、合理的判断を徹底させると、競合する者どうしが共に破綻するという対立が生じかねないことを見てきました。

合理的に判断するような機械に意思決定を任せる場合、このような破綻を回避する仕組みを考えておくことが必要でしょう。そうした「安全装置」がない状況で、徹底的に合理的な判断を行うことができる機械に、他者との競合的関係における判断を任せることには危険が伴うのです。

他者との競合的関係において、裏切りか協調かの選択的判断を求められるのが1回限りである場合、ここまで説明してきたように、「合理的」な判断は相手を裏切ることになります。判断を行うのが人間であれ、コンピューターであれ、合理性を重視する限り、この点は変わりません。

また、複数回の判断が求められる場合も、競合するAとBが判断の繰り返し回数を知っている場合（**「有限繰り返しゲーム」**と呼ばれるものになります）も、合理的な判断は相手を裏切ることになります。実際、このような状況で2人の参加者に判断をさせるような実験を行った場合には、ゲームに参加した2人がすべてのゲームで「裏切り」を選択しやすいことが示されてきています。

では、競合的な関係において、「協調」的な判断が合理的判断となり得る場合はまったくないのでしょうか？

実は、この囚人のジレンマの状況において、「協調」が合理性を獲得する事態が存在します。それは、このような囚人のジレンマのゲームが無限に繰り返される場合です。あるいは、ゲームの繰り返しが無限ではないにしろ、打ち切りの可能性が極めて低かったり、いつ、ゲームが打ち切られるかわからなかったりする場合です。

通常、商取引などにおいては、裏切りを回避する仕組みは取引の繰り返しによって確保されると考えられます。つまり、取引相手が裏切ったら将来の取引をやめるという脅しをかけ合うことで相手の裏切りを阻止することになります。とは言え、一度限りの取引では、お互い疑心暗鬼にならざるを得ません。取引がいつ終わるかわからない状況でこそ、協調的な判断が合理性を持ち得るのです。

このように、競合するAとBの2人が判断の繰り返し回数を知らない場合の「囚人のジレンマゲーム」は「**無期限繰り返しゲーム**」と呼ばれます。無期限繰り返しゲームでは、ゲームが終わる期限が不可知なので、相手を裏切ると、その選択への反応として相手も自分を裏切る可能性が懸念されることになります。

たとえば、自分自身は相手に対する協調を選択しておき、相手が一度でも裏切ったら、次の回以降は裏切りをとりつづけます。ただし、もし、相手に裏切られない限りはこちらも協調し続けるという戦略（相手の裏切りによって自分の選択を協調から裏切りへと変えることの戦略は「**トリガー戦略**」と呼ばれます）が考えられます。

AとBがともにこの戦略を採っているとき、自分自身がこの戦略を放棄することで何か得るものがなければ、この戦略が維持されます（このように戦略が安定して選択される状況は「**ナッシュ均衡**」と呼ばれます）。

ナッシュ均衡を生み出す戦略はこのトリガー戦略だけではありません。たとえば、最初の選択では相手に協調し、それ以降の選択ではそのまえの回の相手の選択通りに判断をするという「**おうむ返し戦略**」もナッシュ均衡となります。

このように、無期限繰り返しゲームでは、合理的な判断の結果として、競合する2人の間での協調が生まれる可能性が生じます。

ただし、無限にこのような選択を繰り返すような状況は、実生活上の競合関係においてはあり得ません。いつかは、選択が打ち切られることになります。

より現実的には、その都度の選択が最後になる確率を想定しながら、繰り返しのゲームを行うことになります。この場合、その都度、選択が打ち切られる確率が十分に小さければ、トリガー戦略がナッシュ均衡になり、協調が選択されやすくなります。

つまり、合理的な判断が競合する者どうしの破綻につながるような事態を避けるためには、判断を自分たちで行う場合であれ、機械に任せる場合であれ、その一度きりの判断で終わらないような、また、いつ終わるともわからない、相手との競合的判断を続ける工夫が必要ということになります。この仕組みがなければ、我々はお互いを裏切り合い、双方にとっての損失がともに大きくなるような判断をしかねないのです。

終わらない競合の仕組みを作ることは、持続可能な社会の基礎として必要なことです。メガロポリス・ヤマトの悲劇は、競合を確実に、しかも瞬時に打ち切ることが可能な超水爆という手段があったことで生じたとも言えます。

実は、そうした最終手段の行使は、1962年の「キューバ危機」の際、アメリカ合衆国とソビエト連邦との間で生じた対立で現実味を帯びたことがありました。その際に、対立していた双方が妥協したため、世界を巻き込んだ核戦争は勃発しませんでした。

しかし、キューバ危機の頃に比べると核兵器を持っている国は増えています。競合を確実かつ瞬時に終了させることができるような手段は依然として存在し続けており、私たちの生活はそうしたリスクを抱えた状態であることを忘れてはいけないと思います。

†シミュレーションで証明された「おうむ返し戦略」の優位性

有限繰り返しゲームにおいては、対抗的な判断が取られ、競合的な二者が共に大きな損失を得ることになりますが、無期限繰り返しゲームにおいては、さまざまな戦略の可能性が考えられます。

どのような戦略が有効か、あるいは、人間や他の生物種が実際にこうしたジレンマ状況に置かれた場合、どのような判断をすることになるか、さまざまなタイプの研究が行われてきています。ここでは、そうした研究の成果についても紹介しておきましょう。

無期限繰り返しの囚人のジレンマゲームに関しては、コンピューターを用いた多くのシミュレーション実験が行われてきています。中でも有名なのは、政治学者のアクセルロッドが行った研究です。彼は、異なる判断戦略を用いる二者を一対一で組み合わせて、勝者を決定するコンペ形式のシミュレーション研究をいくつか行いました。

アクセルロッドが行った最初のシミュレーション実験では、14通りの応募された戦略に、その都度の判断で競合か対抗かをランダムに決定する戦略を加えた15通りの戦略を一対一で組み合わせました。つまり、15×15で225通りの組み合わせを作り出し、それぞれの対戦で200回の勝負をさせたのです。

そのうえで、得点を計算し、勝者を決定しました。この実験で最高得点を得たのはおうむ返し戦略でした。すでに紹介したように、この戦略はとても単純で、最初の判断では協調し、そのあとは、相手の前回の判断をただ真似するだけというものでした。他にも、何度か裏切られたら、反撃するような戦略もありましたが、単純なおうむ返し戦略の方が得点が多くなったのです。

その次にアクセルロッドが行ったシミュレーション実験では、おうむ返し戦略を負かす目的で応募された戦略がずいぶんと増え、62通りとなりました。これらにランダム戦略を加えた63通りの戦略を一対一で組み合わせて、得点の計算を行いました。

これらの実験では、相手がどのような戦略なのかによって、個々の戦略の成績は大きく変動することが示されました。おうむ返し戦略は、相手によっては負けることもありましたが、各戦略総当たりの結果得られた総合得点では、再び得点が最高となり、優勝しました。

次にアクセルロッドが行ったシミュレーション実験は、自然淘汰を模したゲームとして展開されました。つまり、毎回の競合的な選択において得た得点によって、次の競合的選択において同じ戦略での選択を行う「子」の数を決め、最終的に残る「子」の数で、それぞれの戦略の成績を決めたのです。

強い戦略は、次第に子の数を増やし、逆に、弱い戦略は次第に数が減ることになります。何世代にもわたって選択を行わせると、強い戦略の子が多数を占め、弱い戦略は全滅することでしょう。

何度かシミュレーションを行いましたが、約1000世代で安定することが示されました。結果としては、やはりおうむ返し戦略の優位性が示されたのです。

このように、おうむ返し戦略は、単純な内容ながら、繰り返し、優位性が示されてきています。これは、裏切られれば相手に罰を与える、それ以外では協調するという戦略で、相手にも協調をするよう圧力をかける戦略とも言えます。

何世代にもわたって戦略同士を競わせるような研究は、コンピューターを用いることで初めて可能になった実験と言えるでしょう。そうした中で、繰り返し、協調が強制されるおうむ返し戦略の優位性が示されたのはとても興味深いことと思います。

†行動科学的な方法による検討

人間や、他の生物種を、無期限繰り返しの囚人のジレンマの競合的な状況に置き、どのような判断を行うのかを調べる行動科学的研究も数多く行われています。こうした研究においては、協調と対抗の判断における損失や利得の大きさなど、さまざまな条件に変えた時に、その影響によって判断のパターンがどのように変動するのかが調べられています。

特定の戦略を採るコンピューターと人間を対立させ、あるいは、機械どうしを対立させ、協調や対抗的判断の割合がどのように変わるかを調べるような研究も行われてきています。その結果、機械どうしは、人間どうしや、人間と機械とを対立させた場合よりも協力的判断になりやすいことが示されました。

一般的な傾向として、人間に関しては、ジレンマ状態に置かれた場合、ゲームとしてその場を認識し、そのゲームにおいて相手に勝つこと、自分が負けないことを優先して、協調的な判断よりも対抗的な判断が優先されることが多いようです。

他方、人間以外の生物種に関しても、さまざまな行動学的研究が行われてきています。そこでは、さまざまな人間以外の生物種がゲームに参加した場合、人間と異なる選択方略を用いるのかが検討されてきています。

人間以外の、異なる野生種間の協調はほとんど確認されていません。他方、同じ生物種間では、ブルージェイ（アオカケス）という鳥で、対抗よりも協調する戦略が選ばれやすいことがわかっています。無期限繰り返しゲームにおいて、野生の鳥においても協調の選択の優位性が認められたことは、人間以外の生物種においても適応戦略として、協調が選ばれる可能性があるというわけで、興味深いことと思われます。

第八章　人間の適応戦略——錯誤を自覚することの大切さ

†人間は他の生物種より優れているのか?

本書の第一章で、人間という生物種の知覚認知能力が、他の生物種のそれと比べて優秀なのか、この本を読んだ後で考えて欲しいと述べました。

ここまでの章を読み終わって、読者の皆さんの判断はいかがでしょうか? 人間は、他の生物種に比べて、優れていると言えるでしょうか?

本書を通して紹介してきた、私たちの知覚認知系におけるさまざまな錯誤の潜在的な危険性と可能性は、他の生物種にもそれなりに認められるものと思います。おそらくは錯誤を起こさないような生物種はいないのでしょう。

これも第一章で指摘したことですが、それぞれの生物種は、自らが、また、種として、その固有の生存環境で生き残るための知覚認知の条件を進化の過程で獲得してきたのだと思われます。そこでは、他の生物種に対する優位性は必ずしも重要ではなかったのでしょう。そうした多くの生物種の中で、特に、人間という生物種は、言語表現を用いて経験を世代を超えた他者と共有し、同じ失敗を犯すことを避ける可能性があることに大きな特徴があります。あるいは、そうした経験の蓄積を可能とする戦略を使わなければ、生活環境を延々と改変していくという、知覚認知における錯誤が運命付けられているような自らの行動特性に対処できなかったと考えることもできるでしょう。

こうした人間の生物としての特殊性については、ある程度固定された環境の中での適応が求められている他の多くの生物種とは大きく異なっており、そうした生物種の間での能力の違いについて優劣を論じること自体にあまり意味はないのかもしれません。

†人間と錯誤

本書の冒頭では、人間は他の生物種にも増して知覚や認知において錯誤を引き起こしやすいことを指摘しました。その理由として、⑴知覚認知の有限性、⑵環境や行動様式を作り変えるという行動特性、⑶錯誤を自ら利用するという行動特性、の3つを挙げました。

これら3つの原因は、人間という生物種の知覚認知能力に固有のものなので、人間が人間として生活する限り、しばらくはお付き合いしていかなければいけない自分たち自身の特性と言えます。そのため、本書で取り上げたさまざまな錯誤についても、当分の間、対応を求められることになると思われます。

1つめと2つめの原因にもとづいて生じる錯誤に関しては、自分の知覚や認知のシステムだけに頼っていては十分な対応が困難なのは、ここまでの章で見てきた通りです。錯誤を避けるべき場合は、適切に道具を用いて、妥当な対応をする必要があります。

場合によっては、人間ではなく、すべて機械に判断させるほうが有効な場面もあるでしょう。特に、時空間的に正確な判断や、事象の確率的な特性に関する判断に関しては、人間自身に判断をさせると大きな誤りに発展する可能性があります。素早く、正確に、これらの事柄について判断を行う必要がある場合は、機械に頼るべきと思います。

実際、正確な空間的判断のためには諸々の定規が用いられていますし、時間的判断のためにも諸々の種類の時計が用いられています。そのおかげで、生活の中には、マイクロメートル（1000分の1ミリメートル）単位で企画化された製品が流通したり、ミリセカンド（1000分の1秒）単位で制御された画像や言語情報の提示や通信がなされたりしています。こういった細かい時空間単位での制御は、正確で誤ることのない機械を使って初めて可能になる事柄です。

また、素早く、適切な確率的判断を行うために、たとえば、株や為替のトレーディングでは、さまざまに工夫を凝らして開発されたアルゴリズムにもとづくプログラムが用いられ、常時、ミリセカンド単位の素早い判断で売り買いが行われています。こうした、長時間にわたる期間中に瞬時で判断を行うことも、人間には困難です。

今後も、正確に判断しなければならないこと、誤ってはいけないことにおいては、どんどん道具の使用が増えることになるものと思われます。正確に判断ができる機械を用いることは、おそらくは、人間の生活の質の向上につながることでしょう。そういった意図で行われる人工知能（ＡＩ）研究も今後ますます盛んになるものと予想されます。

†道具の使い方

ＡＩとまでは言いませんが、著者自身も、行動管理には道具に頼ることが増えています。

たとえば、外出する際の鉄道やバスなど、公共の交通機関を用いたスケジュール設定には、ナビゲーションアプリを使うことが多くなっています。事故や気象によって交通機関に乱れが出た際には、その都度、それに対応した鉄道の乗り換えを指示してくれるため、待ち合わせに関しては、ほとんど予定に遅れなくなりました（本書を含め、原稿執筆に関しては当初設定された予定に間に合わないことが多々あるので、今度は原稿執筆に関しても管理するアプリを使うべきなのかもしれません）。

スケジュール管理のアプリのような道具によるナビゲーションが生活の中に入り込んでくる余地はまだまだあることでしょう。実際、時空間的な正確さや確率的な判断に関しては、人間自身の知覚認知的過程のみで判断するよりも、なんらかの道具を使った方が適切な判断がなされやすいことでしょう。

しかし、スケジュール管理だけではなく、意思決定まで機械任せにすることには、第七章でも紹介したように、大きな問題があると思われます。

第七章の、囚人のジレンマに関するまとめから浮かび上がってきたのは、個別の競争者の利益の最大化を目指した場合、合理的な判断の結果として、全員が大きな損失を被ることになるという問題でした。繰り返しのゲームとした場合も、個別のゲーム参加者の利得の最大化を目指した場合、他の参加者の利得は限りなく小さくなります。

今のところ、繰り返し有効性が確認されているのは、裏切られれば相手に罰を与える、それ以外では協調するというおうむ返し戦略でした。優位性が繰り返し示されるのが、個別の競争者の利益の最大化を目指す「一人勝ち」戦略ではなく、それなりの互恵性を持つおうむ返し戦略であったことは、現代人にとっても示唆的です。

この原稿を執筆している2019年初頭の時点で、世界で最も富裕な上位1パーセントの人たちが、世界全体の富の8割以上を所有していると言われます。また、上位8名が、世界人口の半分と同等の富を所有しているとも言われています。この富の集約は、21世紀に入って、特に激烈さを増してきています。極端な富の局在化は、21世紀の資本主義の顕著な特性の一つと言えるでしょう。

無期限の繰り返し囚人のジレンマの競合的な状況においては、野生の鳥アオカケスでも他者に協調的な戦略を採るのに、人間の場合、ゲームで勝つこと、自分が負けないことを優先して、協調的な判断よりも対抗的な判断が優先される傾向があるようです。現代の富の集約は、そうしたゲームで勝つこと、自分が負けないことを優先するという、人間の行動特性が顕在化したことの結果かもしれません。

しかし、そうした富の集約は、生物の適応戦略として不自然なものであるばかりか、他のプレイヤーのゲーム参加を不可能にすることになるため、競合する者がともに破綻するのを回避できる「無期限繰り返しゲーム」を困難にする不適切なパターンなのかもしれません。

競争的な状況で、ゲームで勝つこと、自分が負けない判断を指示するアプリを開発することは可能でしょう。しかし、そのゲーム自体の持続可能性や、戦略の生態学的妥当性まで判断するアプリを開発するのは簡単なことではないでしょう。

機械は、正確に、指示された通りの判断を行いますが、その結果が望ましいものになるかどうかは、判断の枠組みによっても大きく変わります。そうした判断の枠組みの設定に関しては、人間自身が行うしかないように思われます。

†道具に頼る生活の問題

判断を機械任せにすることについての別のタイプの問題もあります。

今では、自分で覚えていなくても、ネットで検索すれば、かなりの事柄についての情報が得られます。ネットもいわば私たちの外部記憶となっています。外部記憶には、ネット以外にも、辞書やメモ帳など、物理的に情報を保持する道具が含まれます。こうした外部記憶に頼れるような事柄については、私たちは自分自身であまり記憶しない（いわば「内部記憶」に保持されない）ことが知られています（こうした現象は「Google効果」と呼ばれることがあります）。

実は、認知的な処理に負荷が少ない事柄は記憶に残りにくいことが知られています。ネットなどですぐに情報検索できるとしたら、その情報にたどり着くまでの認知的負荷は、そうした外部記憶を頼らない場合に比べるとかなり少なくなるものと考えられます。外部記憶に頼ることができる事柄が私たち自身の内部記憶に保持されにくいという現象の基礎には、こうした記憶過程の特性があるのかもしれません。

私たちの日常生活の中で機械まかせの判断が多くなることで、認知的処理における負荷が減るという同様の理由にもとづいて、私たち自身が記憶する事柄はどんどん減るかもしれません。

記憶されている事柄が減ることは、生活の上での充実感に対してネガティブな影響を及ぼす可能性が考えられます。

というのも、通常、多くの事柄を体験していると、そのことは記憶に残ります。その期間は、のちに、多様なことを体験した充実した期間として想起されやすくなります。

ところが、実際には多様な事柄にかかわっていたとしても、その事柄があまり記憶に残らなかった場合、その期間は、特別なことがなく、あっという間に過ぎた期間として記憶されやすいのです。つまり、実際には多様なことを行っていても、その間に記憶された事柄が少ないと、充実した時間を送ったという実感が得られにくくなるのです。

外部記憶に頼りきった生活では、のちに思い出せることが減ってしまうものと思われます。その結果として、有意義な時間を過ごしたという生活上の充実感を弱めてしまう可能性があることはもっと知っておいたほうがいいと思います。

さらに、機械まかせの判断が多くなることは、日常生活上の私たちの覚醒度を低下させることも予想されます。自分自身で注意を配っていなくても、何かあれば機械が警告してくれるのですから、そうした道具がなかった場合に比べると覚醒度が低下してしまうのは当然のことかもしれません。

覚醒度の低下は、全体的な認知的処理のレベルを低下させることになるでしょうし、その結果として、日常的なさまざまな気づきは今より減ってしまう可能性もあります。そのことが私たちの生活に及ぼす効果は小さくないでしょう。

さまざまな道具やサービスを利用するのは、結局は人間です。正確で合理的な判断が可能となるような道具を使用するにしても、それだけでは人間のユーザー向きとはなりません。どのように道具やサービスをデザインすれば、錯誤などによる不適切な使用が生じにくくなるのか、あるいは、心地よく利用してもらえるのか、生活上の充実感を促進するのかは、結局、人間自身の知覚、認知、および感性の特性にもとづいて決定される必要があるのです。

†錯誤を用いた生活の質、利便性、公共性の向上

人間の知覚認知系は錯誤を引き起こし得るからという理由で、道具を用いた正確な判断のみに頼るということも、人間の知覚認知系の可能性を十分に活かすことにはつながらないでしょう。

この点は、人間における錯誤を引き起こしやすくしている第三の要因「錯誤を自ら利用するという行動特性」と関連します。これからも、人間の知覚や認知における錯誤の特性を理解し、その錯誤自体を利用することはさまざまな社会的な現場で重要になると思われます。

たとえば、画像を使った情報コミュニケーションでは、積極的な錯覚の利用が行われています。スマートフォンやテレビ、PCのディスプレイなどにおいて、3種類の発光体のみでさまざまな色彩を表現するために色彩の錯視である混色が用いられています。画像を立体的に見せるために、奥行き手がかりによって生じる立体視に関わる錯覚が用いられています。また、動画像を提示するためにも、運動錯視である仮現運動（第一章）が用いられています。これらは、私たちの生活の中における知覚的錯誤の有効利用の好例と言えるでしょう。

それ以外にも、料理の盛り付けや、照明の利用は、料理をおいしく感じさせるための演出として効果的に用いられています。照明光によっては、食材をおいしくも見せるし、まずくも見せられます。その基礎には、本書の第二章で紹介した、さまざまなクロスモーダル的な現象（視覚と聴覚など、独立した個々の知覚が互いに影響しあう現象）があります。たとえば、自然光に近い照明光は、食材をおいしく見せることにつながりますが、弱い照明光や、青系統の照明光は、むしろ、食欲を減退させたり、摂取量を減らしたりする効果があるのです。

さらには、幼少期に高栄養価の食材による食あたりが生じたという虚記憶を形成することによって、その食材の摂取が抑えられ、食事コントロールに使える可能性が検討されています。

また、災害時の避難行動の促進のためには、認知的バイアスを利用することが有効であることは第五章でも紹介した通りです。

本書で紹介したさまざまな現象や行動特性は、単純に錯誤を引き起こす興味深い特性というだけではなく、使いようによっては、生活の質の向上につなげられる可能性もあるのです。そうした利用のためにも、知覚認知系の特性について理解を深めることが必要です。

†他者からの支配に無自覚であることの問題

本書で紹介した、認知的なバイアスは、ほとんどが研究者の間ではよく知られたものですが、世間一般的にはあまり知られていません。特に、意思決定に関する錯誤に関しては、読者にとっては新しいものも多かったと思います。

しかし、本書で紹介したような判断のバイアスやヒューリスティクスは、すでに日常のさまざまな領域で利用されてきています。たとえば、私たちの行動特性は、第三章で紹介したように、さまざまな商品やサービスのマーケティングや、選挙キャンペーンなどで用いられています。

また、さまざまなタイプのタイムサービスや、「閉店前特価」、「今買わなければ損！」のようなキャッチフレーズは、現在志向バイアスや損失回避バイアスへと判断を誘導しようとしているものと言えるでしょう。

ここで問題なのは、多くの人が、自分たちのそうした行動的特性が利用されていることを知らないということです。つまり、当の本人たちが知らないという、「知識の偏り」が存在する状況と言えます。自分たちのどのような行動特性が、どのように利用されているのか、ちゃんと知った上で、マーケットなどで意思決定しなければ、損をしてしまう構造があります。

また、私たちの行動特性に付け入るような手続きで、利益を上げるような業態が横行すると、実質的な意味での技術革新や新しいサービスの展開を阻害する可能性さえあると思われます。不条理な損を避け、健全な経済社会を築くためにも、消費者の側も、自分たちの行動特性をちゃんと理解し、意思決定する必要があります。

私たちは自分でも知らないうちにさまざまな判断をしているかもしれませんし、時には私たちの意思決定は他の人に操作されているかもしれません。しかし、私たちは、自分にそういう行動特性があることを知ることができます。それを知ることによって、望ましい状態はどのようなものであるかを考えることができるようになるでしょう。

その都度の判断は、特に理由もなく、場合によってはとても非合理かもしれません。しかし、自分たち自身の知覚認知や行動の特性にさまざまな問題があることについての知識を持っていれば、さまざまな環境下で何らかの対策が必要ということが意識されやすくなることでしょう。その結果として、同じ失敗は繰り返しにくくなることが期待されます。

†人間の適応戦略

本書では、人間の知覚認知や行動におけるさまざまな錯誤現象を紹介してきました。そうした錯誤現象は、従来の生活環境とは異なる状況になった際に、さまざまな問題を生じる可能性があります。どのような問題が生じる可能性があるのかを理解することはとても重要です。

また、そうした錯誤は、生存にとってもさまざまな問題を生じることがあり得ます。また、逆に、生存のために利用できる可能性をはじめ、さまざまな潜在的な可能性を持っていることも事実です。

人間自体の知覚認知や行動の特性を理解することで、潜在的な危険性を減らし、逆に、生存の可能性や、生活のための利便性を向上させていくことも可能になると思われます。人間は、新しい生活環境を自ら作り出していく生物種です。少しずつ変わる生活環境の中で、これまでの進化の過程では経験したことがない問題が繰り返し生じることになるでしょう。

こうした新しい生活環境には、社会的な制度や生活習慣も含まれます。新しい環境の中での錯誤の起こり方についての理解を深め、潜在的な危険性と、利用可能性についても知識を蓄積していくことは、言語を使用できる人間という生物種にのみ可能です。

自己の認知の正確さや状態について認知することは「**メタ認知**」と呼ばれます。自分自身と、人間という生物種自体について、どのような間違いを犯しやすいのか、どのような認知特性を持っているのかに関するメタ認知を更新し、その活用法についても知識を蓄積していくことが、人間という生物種のあるべき適応戦略なのです。

企画・編集協力　コーエン企画（江渕眞人）

Whitney, D., Wurnitsch, N., Hontiveros, B., & Louie, E.（2008）*Perceptual mislocalization of bouncing balls by professional tennis referees*, Current Biology, 18, R947–R949.
警察庁（2019）「平成30年中の交通事故の発生状況」警察庁ホームページ
手塚治虫（1978）『火の鳥　未来篇』朝日ソノラマ.

第八章

Diemand-Yauman, C., Oppenheimer, D. M., & Vaughan, E. B.（2011）*Fortune favors the bold (and the italicized): Effects of disfluency on educational outcomes*, Cognition, 118, 111–115.
Sparrow, B., Liu, J., & Wegner, D. M.（2011）*Google effects on memory: Cognitive consequences of having information at our fingertips*, Science, 333, 776–778.

and Language, 35, 76–100.
Roediger, H. L., & McDermott, K. B.（1995）*Creating false memories: Remembering words not presented in lists*, Journal of Experimental Psychology: Learning, Memory, and Cognition, 21, 803.
Russell, B.（1921）*The analysis of mind. George Allen and Unwin*,（竹尾治一郎訳『心の分析』勁草書房、1993）
Shaw, J., & Porter, S.（2015）*Constructing rich false memories of committing crime*, Psychological Science, 26（3）, 291–301.
Zhu, B., Chen, C., Loftus, E. F., Lin, C., He, Q., Chen, C., Li, H., Moyzis, R. K., Lessard, J., & Dong, Q.（2010）*Individual differences in false memory from misinformation: Personality characteristics and their interactions with cognitive abilities*, Personality and Individual Differences, 48, 889–894.
谷上亜紀（2018）「Cryptomnesiaに関する研究の動向」『心理学研究』89–17401.
三島由紀夫（1949）『仮面の告白』河出書房
宮地弥生、山祐嗣（2002）「高い確率で虚記憶を生成するDRMパラダイムのための日本語リストの作成」『基礎心理学研究』21, 21–26.

第七章

Baldo, M. V., Ranvaud, R. D., & Morya, E.（2002）*Flag errors in soccer games: the flash-lag effect brought to real life*, Perception, 31, 1205–1210.
Poundstone, W.（1992）*Prisoner's Dilemma: John von Neumann, Game Theory and the Puzzle of the Bomb*（松浦俊輔訳『囚人のジレンマ―フォン・ノイマンとゲームの理論』青土社、1995）
Stephens, D. W., McLinn, C. M., & Stevens, J. R.（2002）*Discounting and reciprocity in an iterated prisoner's dilemma*, Science, 298, 2216–2218.

Clancy, S. A., Schacter, D. L., McNally, R. J., & Pitman, R. K. (2000) *False recognition in women reporting recovered memories of sexual abuse*、Psychological Science, 11, 26-31.

DeCasper, A. J., & Spence, M. J. (1986) *Prenatal maternal speech influences newborns' perception of speech sounds*, Infant Behavior and Development, 9, 133-150.

Deese, J. (1959) *On the prediction of occurrence of particular verbal intrusions in immediate recall*, Journal of Experimental Psychology, 58, 17.

Goff, L. M., & Roediger, H. L. (1998) *Imagination inflation for action events: Repeated imaginings lead to illusory recollections*, Memory & Cognition, 26, 20-33.

Johnson, M. K., Hashtroudi, S., & Lindsay, D. S. (1993) *Source monitoring*, Psychological Bulletin, 114, 3.

Kahneman, D., Fredrickson, B. L., Schreiber, C. A., & Redelmeier, D. A. (1993) *When more pain is preferred to less: Adding a better end*, Psychological Science, 4, 401-405.

Koutstaal, W., & Schacter, D. L. (1997) *Gist-based false recognition of pictures in older and younger adults*, Journal of Memory and Language, 37, 555-583.

Loftus, E. F., & Palmer, J. C. (1974) *Reconstruction of automobile destruction: An example of the interaction between language and memory*, Journal of Verbal Learning and Verbal Behavior, 13, 585-589.

Loftus, E., & Ketcham, K. (1992) *Witness for the defense: The accused, the eyewitness, and the expert who puts memory on trial*, Macmillan. (厳島行雄訳『目撃証言』岩波書店、2000)

Neisser, U., & Harsch, N. (1992) *Phantom flashbulbs: False recollections of hearing the news about challenger*, In E. Winograd & U. Neisser (Eds.), *Affect and accuracy in recall: Studies of "flashbulb memories"* (pp. 9-31). Cambridge University Press.

Roediger, H. L. III. (1996) *Memory illusions*, Journal of Memory

WTP studies, Journal of Environmental Economics and Management. 44, 426–447.
Kahneman, D., & Tversky, A. (1979) *Prospect theory: An analysis of decision under risk*, Econometrica, 47, 263–291.
Kruger, J., & Dunning, D. (1999) *Unskilled and unaware of it: how difficulties in recognizing one's own incompetence lead to inflated self-assessments*, Journal of Personality and Social Psychology, 77, 1121.
Laibson, D. (1997) *Golden eggs and hyperbolic discounting*, Quarterly Journal of Economics, 112, 443–477.
Murata, A., Nakamura, T., & Karwowski, W. (2015) *Influence of cognitive biases in distorting decision making and leading to critical unfavorable incidents*, Safety, 1, 44–58.
Samuelson, W., & Zeckhauser, R. (1988) *Status quo bias in decision making*, Journal of Risk and Uncertainty, 1, 7–59.
Takayama, W., Endo, A., Koguchi, H., Sugimoto, M., Murata, K., & Otomo, Y. (2018) *The impact of blood type O on mortality of severe trauma patients: a retrospective observational study*, Critical Care, 22, 100.
Thaler, R. (1981) *Some empirical evidence on dynamic inconsistency*, Economics Letters, 8, 201–207.
一川誠（2018）「人間の認知的バイアス　時間管理特性と災害情報の通知」研究報告ドキュメントコミュニケーション（DC），2018，1-4.
坂元章（1988）「対人認知様式の個人差とABO式血液型性格判断に関する信念」『日本社会心理学会第29回大会発表論文集』52–53.
東京電力福島原子力発電所事故調査委員会（2012）『国会事故調報告書』徳間書店
宮本武蔵（1645）『五輪書』（渡辺一郎校注、岩波文庫，1987）

第六章

第四章

Honda, H., & Matsuka, T. (2009) *The use of familiarity in inferences: An experimental study*, In N. A. Taatgen & H. van Rijn (Eds.) *The Proceedings of the 31st Annual Conference of the Cognitive Science Society*, (pp. 2353-2358). Cognitive Science Society.

Kahneman, D., & Tversky, A. (1982) *The psychology of preferences*, Scientific American, 246, 160-173.

Rosenhaus, J. (2009) *The Monty Hall problem: The remarkable story of math's most contentious rised teaser*, Oxford University Press. (松浦俊輔訳『モンティ・ホール問題』青土社、2013)

Shimojo, S., & Ichikawa, S. (1989) *Intuitive reasoning about probability: Theoretical and experimental analyses of the "problem of three prisoners."*, Cognition, 32, 1-24.

Tversky, A., & Kahneman, D. (1974) *Judgment under uncertainty: Heuristics and biases*, Science, 185, 1124-1130.

Tversky, A., & Kahneman, D. (1982) *Judgments of and by representativeness*, In D. Kahneman, P. Solvic, & A. Tversky (Eds.), *Judgments under uncertainty: Heuristics and biases*, Cambridge University Press. pp. 84-98.

vos Savant, M. (1996) *The power of logical thinking. Martin's Press*, (東方雅美訳『気がつかなかった数字の罠――論理思考力トレーニング法』中央経済社、2002)

依田高典 (2010)『行動経済学――感情に揺れる経済心理』中公新書

友野典男 (2006)『行動経済学――経済は「感情」で動いている』光文社新書

第五章

Horowitz, J. K., & McConnell, K. E. (2002) *A review of WTA/*

mance：32, 412–422.
Milner, A.D., and Goodale, M.A.（1995）*The Visual Brain in Action*, Oxford University Press.
Nijhawan, R.（1994）*Motion extrapolation in catching*, Nature, 370, 256–257.
Osugi, T., & Kawahara, J. I.（2018）*Effects of Head Nodding and Shaking Motions on Perceptions of Likeability and Approachability*, Perception, 47, 16–29.
Sasaki, K., Yamada, Y., & Miura, K.（2015）*Post-determined emotion: motor action retrospectively modulates emotional valence of visual images*, Proceedings of the Royal Society B: Biological Sciences, 282（1805）, 20140690.
Strack, F., Martin, L. L., & Stepper, S.（1988）*Inhibiting and facilitating conditions of the human smile: a nonobtrusive test of the facial feedback hypothesis*, Journal of Personality and Social Psychology, 54, 768.
Stuart, E. W., Shimp, T. A., & Engle, R. W.（1987）*Classical conditioning of consumer attitudes: Four experiments in an advertising context*, Journal of Consumer Research, 14, 334–349.
Tuk, M. A., Trampe, D., & Warlop, L.（2011）*Inhibitory spillover: Increased urination urgency facilitates impulse control in unrelated domains*, Psychological Science, 22, 627–633.
Yoshikawa, S., & Sato, W.（2006）*Enhanced perceptual, emotional, and motor processing in response to dynamic facial expressions of emotion*, Japanese Psychological Research, 48, 213–222.
Zajonc, R. B.,（1968）*Attitudinal effects of mere exposure*, Journal of Personality and Social Psychology, 9, 1–27.
中島優，一川誠（2008年）「画像の具象性と刺激位置が配置の美的印象に及ぼす効果」『日本感性工学論文誌』8, 137–143.

Hall, L., Johansson, P., Tärning, B., Sikström, S., & Deutgen, T. (2010) *Magic at the marketplace: Choice blindness for the taste of jam and the smell of tea*, Cognition, 117, 54-61.

Hess, E. H. (1965) *Attitude and pupil size*, Scientific american, 212, 46-55.

Ichikawa, M., & Masakura, Y. (2006) *Manual control of the visual stimulus reduces the flash-lag effect*, Vision Research, 46, 2192-2203.

Ichikawa, M., & Masakura, Y. (2010) *Reduction of the flash-lag effect in terms of active observation*, Attention, Perception, & Psychophysics, 72, 1032-1044.

Johansson, P., Hall, L., Sikström, S., & Olsson, A. (2005) *Failure to detect mismatches between intention and outcome in a simple decision task*, Science, 310, 116-119.

Larsen, R. J., Kasimatis, M., & Frey, K. (1992) *Facilitating the furrowed brow: An unobtrusive test of the facial feedback hypothesis applied to unpleasant affect*, Cognition and Emotion, 6, 321-338.

Marzoli, D., Custodero, M., Pagliara, A., & Tommasi, L. (2013) *Sun-induced frowning fosters aggressive feelings*, Cognition & Emotion, 27, 1513-1521.

Matsumiya, K., & Shioiri, S. (2008) *Haptic movements enhance visual motion aftereffect*, Journal of Vision, 8, 172a.

Mendoza, J., Hansen, S., Glazebrook, C. M., Keetch, K.M., & Elliott, D. (2005) *Visual Illusions Affect Both Movement Planning and On-Line Control: A Multiple Cue Position on Bias and Goal-Directed Action*, Human Movement Science, 24, 760-773.

Mendoza, J. E., Elliott, D., Meegan, D. V., Lyons, J. L., & Welsh, T. N. (2006) *The Effect of the Müller-Lyer Illusion on the Planning and Control of Manual Aiming Movements*, Journal of Experimental Psychology: *Human Perception and Perfor-*

第三章

Blake, R., Sobel, K. V., & James, T. W. (2004) *Neural synergy between kinetic vision and touch*, Psychological Science, 15, 397–402.

Briers, B., Pandelaere, M., Dewitte, S., & Warlop, L. (2006) *Hungry for money: The desire for caloric resources increases the desire for financial resources and vice versa*, Psychological Science, 17, 939–943.

Bruno, N., & Franz, V. H. (2009) *When is grasping affected by the Müller-Lyer illusion? A quantitative review*, Neuropsychologia, 47, 1421–1433.

Bruno, N., Bernardis, P., & Gentilucci, M. (2008) *Visually guided pointing, the Müller-Lyer illusion, and the functional interpretation of the dorsal-ventral split: Conclusions from 33 independent studies.* Neuroscience and Biobehavioral Reviews, 32, 423–437.

Casasanto, D. (2009) *Embodiment of abstract concepts: good and bad in right-and left-handers*, Journal of Experimental Psychology: General, 138, 351.

Dutton, D. G., & Aron, A. P. (1974) *Some evidence for heightened sexual attraction under conditions of high axiety*, Journal of ersonality and Social Psychology, 30, 510–517.

Gazzaniga, M. S., & LeDoux, J. E. (1978) *The integrated mind. Plenum*（柏原恵龍訳『二つの脳と一つの心――左右の半球と認知』ミネルヴァ書房、1980）

Goodale, M. A., & Milner, A. D. (1992) *Separate visual pathways for perception and action*, Trends in Neurosciences, 15, 20–22

Haffenden, A. M., Schiff, K. C., & Goodale, M. A. (2001) *The dissociation between perception and action in the Ebbinghaus illusion: Nonillusory effects of pictorial cues on grasp*, Current Biology, 11, 177–181.

Shepard, R. N. (1964) *Circularity in Judgements of Relative Pitch*, Journal of the Acoustical Society of America, 36, 2346-2353.

Storey, S., & Workman, L. (2013) *The effects of temperature priming on cooperation in the iterated prisoner's dilemma*, Evolutionary Psychology, 11, 147470491301100106.

Van Doorn, G. H., Wuillemin, D., & Spence, C. (2014) *Does the colour of the mug influence the taste of the coffee?*, Flavour, 3 (1), 10.

Wada, Y., Kitagawa, N., & Noguchi, K. (2003) *Audio-visual integration in temporal perception*, International Journal of Psychophysiology, 50, 117-124.

Williams, L. E., & Bargh, J. A. (2008) *Experiencing physical warmth promotes interpersonal warmth*, Science, 322 (5901), 606-607.

大山正 (2000)『視覚心理学への招待』サイエンス社

柏野牧夫 (2010)『音のイリュージョン――知覚を生み出す脳の戦略』岩波科学ライブラリー

堅田明子 (2005)「嗅覚受容体がにおいを認識する分子機構」『におい・かおり環境学会誌』36, 126-128.

桐谷佳恵 (2003)「香水における香りと色の印象評価の関係」『日本心理学会大会発表論文集』67, 634.

古賀一男 (2011)『知覚の正体――どこまでが知覚でどこからが創造か』河出ブックス

篠原久美子, 木下武志, 一川誠. (2002)「色彩の見かけ上の重さ」『VISION』14, 119-122

妹尾武治 (2017)『ベクションとは何だ!?』共立出版

都甲潔 (2009)『ハイブリッド・レシピ』飛鳥新社

前田太郎, 安藤英由樹, 渡邊淳司, 杉本麻樹 (2007)「前庭感覚電気刺激を用いた感覚の提示」『バイオメカニズム学会誌』31, 82-89.

apparent motion, Japanese Psychological Research, 48, 91-101.
Jack, C. E., & Thurlow, W. R. (1973) *Effects of degree of visual association and angle of displacement on the "ventriloquism" effect*, Perceptual and Motor Skills, 37, 967-979.
Jackson, V. C. (1953) *Visual factors in auditory localization*, Quarterly Journal of Experimental Psychology, 5, 52-65.
Kamitani Y, & Shimojo, S. (2001) *Sound-induced visual "rabbit"*, Journal of Vision. 2001, 1, 478a.
McGurk, H., & MacDonald, J. W. (1976) *Hearing lips and seeing voices*, Nature, 264, 746-748.
Mendonça, C. (2014) *A review on auditory space adaptations to altered head-related cues*, Frontiers in Neuroscience, 8, 219.
Oman, C. M., Howard, I. P., Smith, T., Beall, A. C., Natapoff, A., Zacher, J. E. and Jenkin, H. L. (2003) *The role of visual cues in microgravity spatial orientation, in*, J. Buckey, J. Homick, (eds.), Neurolab Spacelab Mission: Neuroscience Research in Space. NASA, 535, 69-81.
Piqueras-Fiszman, B., & Spence, C. (2012) *The influence of the color of the cup on consumer's perception of a hot beverage*, Journal of Sensory Studies, 27, 324-331
Piqueras-Fiszman, B., Alcaide, J., Roura, E., & Spence, C. (2012) *Is it the plate or is it the food? Assessing the influence of the color (black or white) and shape of the plate on the perception of the food placed on it*, Food Quality and Preference, 24, 205-208.
Sekiyama, K., & Tohkura, Y. (1993) *Inter-language differences in the influence of visual cues in speech perception*, Journal of Phonetics, 21, 427-444.
Sekuler, R., Sekuler, A. B., & Lau, R. (1997) *Sound alters visual motion perception*, Nature, 385, 308.
Shams, L., Kamitani, Y., & Shimojo, S. (2000) *Illusions. What you see is what you hear*, Nature, 408, 788.

elements de la sesation d poids, Archives de Physiologie Normales et Pathologiques, 1, 122–135.
Cheung, B., & Hofer, K. (1999) *Degradation of visual pursuit during sustained+ 3 Gz acceleration*, Aviation, Space, and Environmental Medicine, 70 (5), 451–458.
Craig, A. D. & Bushnell, M. C. (1994) *The thermal grill illusion: Unmasking the burn of cold pain*, Science, 265, 252–255.
DeCamp, J. E. (1917) *The influence of colour on apparent weight: A preliminary study*, Journal of Experimental Psychlology, 2, 347–370.
Dunker, K. (1939) *The influence of past experience upon perceptual properties*, American Journal of Psychology, 64, 216–227.
Falchier, A., Clavagnier, S., Barone, P., & Kennedy, H. (2002) *Anatomical evidence of multimodal integration in primate striate cortex*. Journal of Neuroscience, 22, 5749–5759.
Fitzpatrick, R. C., Wardman, D. L. & Taylor, J. L. (1999) *Effects of galvanic vestibular stimulation during human walking*, The Journal of Physiology, 517, 931–939.
Geldard, F. A. & Sherrick C. E. (1972). The cutaneous "rabbit" : A perceptual illusion. Science, 178, 178–179.
Green, B. G., Lederman, S. J. & Steevens, J. C. (1979) *The effect of skin temperature on the perception of roughness*, Sensory Processes, 3, 327–333.
Holland, R. W., Hendriks, M., & Aarts, H. (2005) *Smells like clean spirit: Nonconscious effects of scent on cognition and behavior*, Psychological Science, 16 (9), 689–693.
Howard, I. & Heckmann, T. (1989) *Circular vection as a function of the relative sizes, distances, and positions of two competing visual displays*, Perception, 18, 657–665.
Howard, I. (1982) *Human visual orientation*, John Wiley & Sons, Toronto
Ichikawa, M. & Masakura, Y. (2006) *Auditory stimulation affects*

aftereffect from still photographs depicting motion, Psychological Science, 19, 276-283.
Winawer, J., Witthoft, N., Huk, A., & Boroditsky, L. (2005) Common mechanisms for processing of perceived, inferred, and imagined visual motion. Journal of Vision, 5, 491, 491a.
一川誠（2012）『錯覚学――知覚の謎を解く』集英社新書
一川誠（2016）『「時間の使い方」を科学する』PHP新書
実森正子（2013）「動物の認知プロセスの理解と学習・行動研究」動物心理学研究, 63, 7-18
杉田昭栄（2007）「鳥類の視覚受容機構」バイオメカニズム学会誌, 31, 143-149.
鈴木光太郎（1995）『動物は世界をどう見るか』新曜社
中村哲之（2013）『動物の錯視――トリの眼から考える認知の進化』京都大学学術出版会
盛永四郎（1957）「視覚の"場の問題"について」矢田部達郎・園原太郎（監修）『現代心理学の展望』角川書店. 21-31.

第二章

Andersen, T., Tiippana, K., & Sams, M. (2004) *Factors influencing audiovisual fission and fusion illusions*, Cognitive Brain Research, 21, 301-308.
Anstis, S. & Tassinary, L. (1983) *Pouting and smiling distort the tactile perception of facial stimuli*, Perception & Psychophysics, 33, 295-297.
Anstis, S. (1994) *Aftereffects from jogging*, Experimental Brain Research, 103, 476-478.
Benedetti, F. (1985) *Processing of tactile spatial information with crossed fingers*, Journal of Experimental Psychology: Human Perception & Performance, 11, 517-525.
Botvinick M, & Cohen J. (1998) *Rubber hands 'feel' touch that eyes see*, Nature, 391, 756-756.
Charpentier, A. (1891) *Analyse experimentale de quelques*

参考文献

第一章

Chauvet J-M., & Deschamps, E. B.（2001）*Chauvet cave: The discovery of the world's oldest paintings*, Thames & Hudson.

Fodor, J. A.（1983）*The Modularity of Mind, Cambridge*, The MIT Press.（1985, 伊藤笏康・信原幸弘訳,『精神のモジュール形式――人工知能と心の哲学』産業図書）

Inoue, S., & Matsuzawa, T.（2007）*Working memory of numerals in chimpanzees*, Current Biology, 17, R1004-R1005.

Jones, M. P., Pierce Jr, K. E., & Ward, D.（2007）*Avian vision: a review of form and function with special consideration to birds of prey*, Journal of Exotic Pet Medicine, 16, 69-87.

Kawabe, T., & Miura, K.（2008）*New motion illusion caused by pictorial motion lines*, Experimental psychology, 55, 228-234.

Niimura, Y., Matsui, A., & Touhara, K.（2014）*Extreme expansion of the olfactory receptor gene repertoire in African elephants and evolutionary dynamics of orthologous gene groups in 13 placental mammals*, Genome Research, 24, 1485-1496.

Sato-Akuhara N, Horio N, Kato-Namba A, Yoshikawa K, Niimura Y, Ihara S, Shirasu M, Touhara K.（2016）*Ligand specificity and evolution of mammalian musk odor receptors: Effect of single receptor deletion on odor detection*, Journal of Neuroscience, 36: 4482-4491.

Vaughan, W., & Greene, S. L.（1984）*Pigeon visual memory capacity*, Journal of Experimental Psychology: Animal Behavior Processes, 10, 256.

Winawer J., Huk A. C., & Boroditsky L.（2010）*A motion aftereffect from visual imagery of motion*, Cognition, 114, 276-284.

Winawer, J., Huk, A. C., & Boroditsky, L.（2008）*A motion*

ちくま新書
1423

ヒューマンエラーの心理《しんり》学《がく》

二〇一九年七月一〇日　第一刷発行

著者　一川　誠（いちかわ・まこと）

発行者　喜入冬子

発行所　株式会社　筑摩書房
東京都台東区蔵前二―五―三　郵便番号一一一―八七五五
電話番号〇三―五六八七―二六〇一（代表）

装幀者　間村俊一

印刷・製本　三松堂印刷　株式会社

ISBN978-4-480-07235-1 C0211

ちくま新書

1402
感情の正体
——発達心理学で気持ちをマネジメントする
渡辺弥生

わき起こる怒り、悲しみ、屈辱感、後悔……。悪感情に翻弄されないためにどうすればいいか。友情や公共心を育み、勉強や仕事の能率を上げる最新の研究成果とは。

1336
対人距離がわからない
——どうしてあの人はうまくいくのか？
岡田尊司

ほどよい対人距離と親密さは、幸福な人間関係を維持していくための重要な鍵だ。臨床データが教える、社会にうまく適応し、成功と幸福を手に入れる技術とは。

1324
サイコパスの真実
原田隆之

人当たりがよくて魅力的。でも、息を吐くようにウソをつく……。そんな「サイコパス」とどう付き合えばいいのか？　犯罪心理学の知見から冷血の素顔に迫る。

1116
入門　犯罪心理学
原田隆之

目覚ましい発展を遂げた犯罪心理学。最新の研究により、防止や抑制に効果を発揮する行動科学となった。「新しい犯罪心理学」を紹介する本邦初の入門書！

1202
脳は、なぜあなたをだますのか
——知覚心理学入門
妹尾武治

オレオレ詐欺、マインドコントロール、マジックにだまされるのは、あなたの脳が、あなたを裏切っているからだ。心理学者が解き明かす、衝撃の脳と心の仕組み。

1160
あざむかれる知性
——本や論文はどこまで正しいか
村上宣寛

直感や思いつきは間違いの元。ダイエット、健康、仕事、幸福について、メタ分析を駆使した結論を紹介。ゴミ知識にまどわされず本当に有益な知識へ案内する。

1149
心理学の名著30
サトウタツヤ

臨床や実験など様々なイメージを持たれている心理学。それを「認知」「発達」「社会」の側面から整理しなおし、古典から最新研究までを解説したブックガイド。